Лекции по Первому посланию к Коринфянам II

Лекции по Первому посланию к Коринфянам II

Д-р Джей Рок Ли

Лекции по Первому посланию к Коринфянам II, Автор – д-р Джей Рок Ли
Опубликовано издательством «Урим Букс».
(Представитель: Kyungtae Noh)
73, Yeouidaebang-ro 22-gil, Dongjak-gu, Сеул, Корея
www.urimbook.com

Все права защищены. Книга, частично или полностью, не может быть воспроизведена ни в какой форме, сохранена в поисковой системе или передана каким-либо иным способом – электронным, механическим, фотокопированием и др. – без предварительного письменного разрешения издателя.

Все использованные в этой книге цитаты из Священного Писания, если это не оговорено иначе, взяты из текста Библии в Синодальном переводе. Авторские права защищены © 1960, 1962, 1963, 1968, 1971, 1972, 1973, 1975, 1977, 1995 фондом Лакмана. Использовано с разрешения.

Авторские права перевода © 2016 принадлежат д-ру Эстер К. Чанг. Использовано с разрешения.
ISBN: 979-11-263-0104-1 04230
ISBN: 979-11-263-0089-1 (set)
Ранее опубликовано на корейском языке издательством «Урим Букс» в 2008 г.

Впервые опубликовано в апрель 2016 г.

Редактор – д-р Гымсан Вин
Дизайн редакторского бюро издательства «Urim Books»
Отпечатано компанией «Prione Printing»
Контактный адрес для получения большей информации: urimbook@hotmail.com

Предисловие

Духовное и физическое руководство для верующих

Люди, живущие в современном мире, иногда чувствуют себя в замешательстве, они конфликтуют сами с собой, потому что растеряли свои ценности. И это относится не только к неверующим. Бывает, что и верующие сталкиваются с разного рода проблемами. Проблемными сторонами их жизни могут стать ссоры, споры, судебные тяжбы, браки, разводы.

Враг, дьявол и сатана, постоянно искушает верующих, чтобы вынудить их отойти от Слова Божьего. Поэтому люди, которые пытаются следовать Слову Божьему, могут начать сомневаться как в Слове, так и в возможности с его помощью решить свои проблемы.

Нечто подобное произошло и с церковью города

Коринфа. Во времена апостола Павла Коринф был деловым многонаселенным городом, в котором проживали представители разных культур и этнических групп. Здесь жили люди различного социального происхождения, которые поклонялись всевозможным богам. Моральное разложение жителей города было в то время одной из главных проблем.

Живя в таких условиях, члены церкви города Коринфа не смогли избежать трудностей и конфликтов. А поскольку церковь зародилась недавно, то ее общине было непросто жить так, как свойственно жить верующим. Чтобы помочь им стать более зрелыми христианами, апостол Павел показал им библейский путь получения ответов на вопросы и решения всех проблем.

Пути решения проблем, а они, к слову, могут иметь место и в нашей повседневной жизни, изложены в первом письме Павла к церкви в Коринфе, которое известно под названием Первого послания к Коринфянам. Мы живем в непростом обществе, поэтому для нас очень важно тщательно изучить и понять смысл этого послания.

Книга *«Лекции по Первому посланию к Коринфянам»* (том 2-й) объясняет, как практически распознать причины проблем, связанных с возникновением раздоров, обращением в веру, браками, идолопоклонством и получением духовных даров. Вы сможете жить более полноценной христианской жизнью, если вам удастся найти верный путь к осознанию своих проблем сквозь призму Слова Божьего.

Я благодарен Гымсан Вин, директору издательского бюро «Урим Букс», и всем сотрудникам этого бюро; я молюсь о том, чтобы все читатели книги до конца поняли волю Божью и, исполняя ее, получили щедрые благословения от Бога.

Д-р Джей Рок Ли

Содержание

Предисловие

Обзор Первого послания к Коринфянам

Глава 8

Идоложертвенное · 1

1. Что считается идоложертвенным?
2. Духовное значение воздержания от идоложертвенного
3. «Все же от Бога...»
4. Если мы продолжаем совершать грехи, зная, что это – грех…
5. Что делать с идоложертвенным?

Глава 9

Путь апостолов · 25

1. Он не воспользовался правами апостола
2. Он благовествовал бескорыстно
3. Он всем поработил себя
4. Побеждать, пробежав ристалище, как апостол!

Глава 10

Делать все для славы Божьей · 49

1. Пройти крещение в облаке и в море
2. Сыны Израилевы были уничтожены за свои злодеяния
3. Бог дает облегчение при искушении
4. «Убегайте идолослужения»
5. Буквальное значение идолопоклонства
6. Делайте все во славу Божью

Глава 11

Относительно духовного порядка · 81

1. Будьте подражателями мне
2. Относительно духовного порядка
3. Женщины не должны покрывать головы
4. От чего возникают споры и раздоры
5. Истинный смысл Святого Причастия

Глава 12

Дары Святого Духа · 111

1. Святой Дух говорит нам о Господе Иисусе
2. Различные дары Святого Духа
3. Мы – Тело Христово
4. Порядок в церкви

Глава 13

Духовная любовь · 155

1. Духовная любовь и плотская любовь
2. Даже при мощной силе и вере
3. Духовная любовь
4. Навечно на Небесах нам понадобится только любовь

Глава 14

Пророчества и языки · 185

1. Достигайте любви, прежде чем ревновать о дарах духовных
2. Молитва на языках – духовная молитва
3. Сравнение языков и пророчества
4. Делайте все с целью назидания
5. Духовное значение слов «жены ваши в церквах да молчат»
6. Все должно делаться благопристойно и чинно

Глава 15

Воскресение · 225

1. Воскресший Христос
2. Кто я есть по благодати Божьей
3. Говорить, что нет воскресения мертвых
4. Христос есть Первенец
5. Крещение для мертвых
6. В Царстве Небесном слава у всех разная
7. Воскресение мертвых
8. Мы изменимся при последней трубе

Глава 16

Позиция зрелых христиан · 271

1. Как делать пожертвования
2. Повинуясь водительству Святого Духа
3. Будьте почтительны ко всякому содействующему и трудящемуся

Обзор Первого послания к Коринфянам

1. Об авторе Первого послания к Коринфянам

Автором Первого послания к Коринфянам является апостол Павел. До того как он уверовал в Иисуса Христа, его звали Савлом. Он родился в Тарсе – главном городе Киликии и учился у Гамалиила – учителя Закона, которого все почитали.

Один из самых лучших учителей того времени вложил в Савла превосходные знания философии, научил его преданно любить Бога и строго следовать Закону. Можно сказать, что Савл был образцовым иудеем. Он принадлежал к высшему классу, имел Римское подданство и являлся гражданином всей Римской империи.

До личной встречи с Господом Иисусом Савл преследовал всех верующих в Него. Поскольку он был убежден, что верующие в Иисуса представляли угрозу для религии евреев, он участвовал в гонениях и арестах христиан.

Савл встретил Господа Иисуса Христа на пути в Дамаск. При нем был официальный документ, выданный первосвященником, который предписывал арестовывать всех, кто верует в Иисуса и следует за Ним. Но Бог знал, что Савл любит Его, и поэтому Он выбрал и призвал его стать апостолом. Савл изначально был избранником Божьим, потому что Бог знал: как только Савл встретится с Господом Иисусом, он покается и будет предан Иисусу.

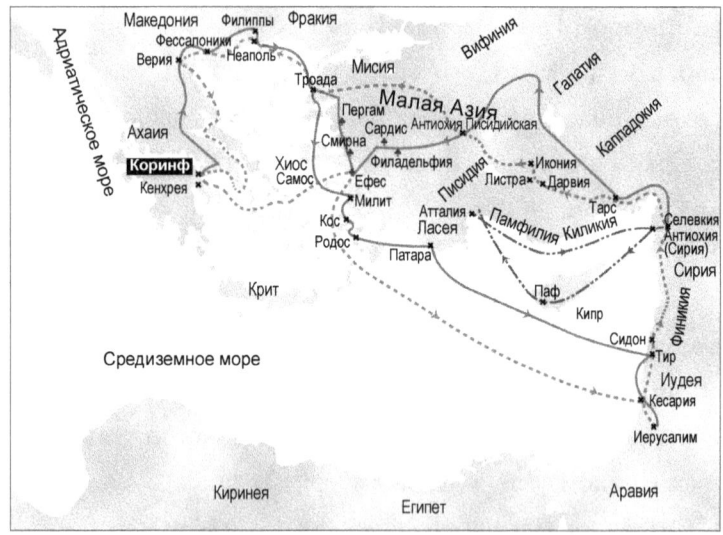

Миссионерские путешествия апостола Павла
(Первое —·—, второе - - -, третье —)

После того как Савл стал именоваться Павлом, он преданно, с готовностью пожертвовать своей жизнью, служил Господу в качестве апостола язычников. Благодаря своим трем миссионерским путешествиям, он заложил основу для распространения Евангелия до края земли и открыл множество церквей в Малой Азии и Греции.

Со времени встречи с Господом, апостол Павел посвятил Ему всю свою жизнь и до конца выполнил свои обязанности служителя и апостола Божьего.

2. Коринф

Коринф был большим портовым городом, расположенным на юге Греции. Во времена Павла Коринф находился под контролем Римской империи. Город с трех сторон – с востока, запада и юга – омывался морями. Северным соседом Коринфа была Азия, а на западе он соседствовал с Римом. Таким образом, географическое положение города позволяло ему быть торговым мостом между Азией и Римом.

Деловой, преуспевающий торговый город был полон заезжих должностных лиц, солдат, предпринимателей, моряков, которые устремлялись сюда с разных концов Римской империи. Здесь же довольно часто проводились разные спортивные мероприятия. Многих Коринф привлекал своей архитектурой и искусством. Наплыв приезжих, вполне естественно, привел к развитию в городе индустрии плотских удовольствий, что стало причиной религиозной и моральной деградации людей.

Храм Афродиты был одним из 30-ти храмов, действовавших в то время в Коринфе. Прежде чем начать торговлю, продавцы совершали определенные ритуалы. В городе царила такая распущенность, что более тысячи проституток постоянно находились возле храма Афродиты.

3. Отношения между церковью в Коринфе и апостолом Павлом

Приблизительно в 50-м году н.э., в ходе своего второго путешествия, апостол Павел вместе с Силой и Тимофеем распространял Благую Весть в Коринфе, и там же он основал церковь. Павел жил в доме Акилы и Прискиллы; он работал вместе с ними, делая палатки, и параллельно с этим проповедовал Евангелие.

Начинал проповедовать он в синагогах, но, встретив сопротивление Иудеев, переместился в дом Тита Иуста и, оставаясь там год и шесть месяцев, заложил основание будущей церкви. Большинство верующих являлись язычниками, хотя среди них были и Иудеи.

4. Когда, где и почему написано послание

1-е послание к Коринфянам, или письмо, написанное апостолом Павлом из Ефеса во время его третьего путешествия, ориентировочно датировано 55-м годом н.э.

Верующие церкви в Коринфе старались жить благочестиво, но развращенность нравов, царившая вокруг них, порождала множество проблем.

Между богатыми и малоимущими верующими стали возникать конфликты, члены церкви вовлекались в судебные тяжбы. Они сталкивались с семейными трудностями, проблемами сохранения целомудрия и употреблением в пищу идоложертвенного. В адресованном им письме были даны ответы на вопросы, связанные со всеми этими проблемами.

5. Отличительные особенности 1-го послания к Коринфянам

Библейские послания к Римлянам и к Галатам больше имеют отношение к основам вероучения. Тогда как Первое послание к Коринфянам является практическим пособием, отвечающим на вопросы, которые могут возникнуть как у каждого верующего лично, так и у всей церкви в целом.

Оно дает четкие разъяснения по проблемам раздоров в церкви, неправильного использования духовных даров, несчастливых браков, а также говорит о Святом причастии, употреблении в пищу идоложертвенного, рассказывает о воскрешении. Следовательно, если мы до конца поймем все, о чем говорится в Первом послании к Коринфянам, то это поможет нам в христианской жизни, поскольку мы можем получать благословения, имея ясное представление о воле Божьей.

Глава 8

Идоложертвенное

— Что считается идоложертвенным?

— Духовное значение воздержания от идоложертвенного

— «Все же от Бога...»

— Если мы продолжаем совершать грехи, зная, что это – грех...

— Что делать с идоложертвенным?

Что считается идоложертвенным?

«О идоложертвенных [яствах] мы знаем, потому что мы все имеем знание; но знание надмевает, а любовь назидает» (8:1).

Возможно, многие люди думают, что они знают, что подразумевается под «идоложертвенными яствами», а в действительности далеко не все из них до конца разбираются в этом. Они полагают, что идоложертвенным является только то, что идолопоклонники клали на алтарь, поклоняясь истуканам.

Однако здесь слово «идол» употребляется не только в этом значении.

В 14-й главе Послания к Римлянам написано, что можно употреблять пищу, приготовленную из идоложертвенных продуктов, «без всякого исследования, для спокойствия совести». Там также сказано, что с верой можно есть все. А в Деяниях, 15:20, 29, и в Деяниях же, 21:25, говорится, чтобы мы воздерживались от оскверненного идолами и не ели того, что было принесено в жертву идолам. Так что же нам делать?

Нам необходимо понять, что означает «идоложертвенное» в каждом отдельном контексте.

В Деяниях, 15:20, говорится: «...*а написать им, чтобы они воздерживались от оскверненного идолами, от блуда, удавленины и крови, и чтобы не делали другим того, чего не хотят себе*».

И здесь же, в Деяниях, 21:25, сказано: «*А об уверовавших язычниках мы писали, положив, чтобы они ничего такого не наблюдали, а только хранили себя от идоложертвенного, от крови, от удавленины и от блуда*».

Во времена Ветхого Завета Иудеи не ели мяса тех животных, которые считались нечистыми в очах Божьих. Однако в Новозаветные времена ученики Иисуса согласились с тем, что язычники, верующие в Иисуса, могут употреблять в пищу такое мясо. Они сами, согласно Закону, есть его не должны были, но для язычников, уверовавших в Иисуса Христа, этот запрет стал бы непосильным бременем.

Совет апостолов пришел к выводу, что верующие язычники могут есть мясо нечистых животных, однако им предписывалось строго хранить себя от следующих четырех вещей: от идоложертвенного, от крови, удавленины и блуда (Деяния, 21:25).

Кровь запрещалась, потому что кровь – это жизнь. В Бытии, 9:4, говорится: *«Только плоти с душою ее, с кровью ее, не ешьте»*.

Какие животные подразумеваются под «удавлениной»? Здесь речь идет о собаках и других домашних животных, которых, если в этом была необходимость, обычно убивали через удушение. С самых древних времен собаки были животными, с которыми у людей сложились особые отношения. Живя рядом, собаки защищали своих хозяев, чувствовали их сердце и настроение. Поэтому употреблять в пищу мясо этих животных было бы не правильно. Так что тут в основном подчеркивается, что обычно хозяева не убивают собак и некоторых других домашних животных и не едят их.

Блуд – это нечто явно аморальное, и, следовательно, Божьи дети, призванные быть святыми, не могут предаваться блуду.

Какие идоложертвенные продукты апостолы не разрешали есть даже язычникам? Идол – это объект поклонения, сделанный либо руками человека, либо существующий в естественной природе, то есть не созданный людьми, например, солнце, луна, звезды. Идоложертвенным же является все то, что было отдано в качестве жертвы объекту поклонения.

Но даже то, что приносится в жертву, тоже дано Богом. Например, фрукты, которые кладут перед истуканами, – это продукты, которые даны нам Богом. Так что нет причин отказываться от них, и Библия в 1-м послании к Коринфянам, 10:27, говорит нам, что мы можем употреблять их в пищу *«без всякого исследования, для спокойствия совести»*.

Духовное значение воздержания от идоложертвенного

В этом отрывке в понятие «идоложертвенное» вложен также и духовный смысл. «Идол», в духовом плане, – это нечто такое, что мы любим больше Бога. Если человек больше Бога любит деньги и, для того чтобы побольше заработать, пропускает воскресные богослужения в церкви, то его идолом становятся деньги. Превратив деньги в объект своего поклонения, он не повинуется Слову Божьему.

Это относится и к тем, кого от церкви отдаляют азартные игры или прелюбодеяние. Если бы они действительно любили Бога, то не грешили бы, нарушая святость Дня Господнего и другие заповеди, данные в Слове Божьем.

В этом отрывке под «идоложертвенным» подразумевается все, что враждебно Слову Божьему, и все формы зла в целом. Идолопоклонство больше всего ненавистно Богу. Он говорит, что в основе идолопоклонства лежит неправедность, то есть все, что идет вразрез с истиной.

Тогда почему слово «есть» в сочетании с идоложертвенным приобретает духовный смысл?

В Евангелии от Иоанна, 6:53, говорится: *«Иисус же сказал им: истинно, истинно говорю вам: если не будете есть Плоти Сына Человеческого и пить Крови Его, то не будете иметь в себе жизни»*. И здесь же, в Евангелии от Иоанна, 6:48, мы читаем: *«Я есмь хлеб жизни»*. Библия использует слова «есть» и «пить», имея в виду то, как мы должны слушать и изучать Слово истины, как помнить его и практически применять в своей жизни.

Вот почему слово «есть» используется, когда Бог предостерегает от неправедных действий и призывает не употреблять, а выбрасывать то, что принесено в жертву идолам.

Чем больше мы понимаем, что подразумевается под «идоложертвенным», тем больше знаний истины мы обретаем. Чем больше мы познаем Слово Божье и истину, тем больше понимаем, что такое зло и неправедность. Но в этом отрывке говорится и о том, что знания делают человека надменным. Выходит, мы не должны глубоко вникать в то, что означает «идоложертвенное»? Конечно же это не так! Мы сможем воздержаться от идолопоклонства, если нам будет ясно, что это такое.

Здесь слово «знания» указывает на все, что изучено и заложено в наш мозг. Если мы познали истину только умом, то это делает нас надменными. И что же нам тогда делать?

Библия говорит нам не умом познавать истину, а «есть» ее. В 12-й главе Исхода написано, что есть агнца нужно испеченным на огне, что мы также должны есть голову с ногами и внутренностями. Агнец, в духовном смысле, символизирует Иисуса, Кто есть также Слово Божье.

Таким образом, в духовном плане, мы должны как бы «съесть» все 66 книг Библии. Физическая жизнь продолжается в нас, если мы потребляем определенную пищу; точно так же и наша духовная жизнь: она поддерживается только тогда, когда мы усваиваем Слово Божье, вкладывая его в свое сердце. Мы не должны хранить Слово Божье как знания. Мы должны переварить его.

Те, кто принимают Слово Божье в свое сердце в качестве духовного хлеба, вполне естественно, хранят его и не могут быть надменными. Они покоряются Слову Божьему, которое говорит им быть смиренными и служить другим, поэтому они не проявляют надменности.

Чем выше у человека уровень духа, тем ниже у него опущена голова. Такие люди становятся смиренными и кроткими, они обладают духовной любовью, о которой написано в 1-м послании к Коринфянам, в 13-й главе. Эти люди будут проявлять великодушие и с пониманием относиться к другим. Духовная любовь укрепляет, потому что дает людям радость, жизнь и надежду.

«Кто думает, что он знает что-нибудь, тот ничего еще не знает так, как должно знать» (8:2).

Если человек чему-то учился, то он думает, что он что-то знает. Учащиеся начальной школы, переходя в старшие классы, а затем и поступая в институт, накапливают все больше и больше знаний, и им кажется, что они уже обладают широкой эрудицией. Однако трудно стать экспертом в какой-то области сразу же после окончания высшего учебного заведения.

И чем больше исследований они проводят в лабораториях, тем больше убеждаются, насколько бесконечен мир знаний. И они осознают, как же ничтожны, в действительности, их знания.

Если мы по-настоящему понимаем, что значит поклоняться идолам и что такое неправедность и грех, то мы должны получать ответы, как только пожелаем чего-то в своем сердце. С другой стороны, если мы не получаем этого, то это может означать, что мы слышали о неправедности и грехе, но до конца не поняли, что же это такое.

Кто не только знает истину, но и понимает и применяет ее на практике, тот почувствует величие Бога и, глубже войдя в духовный мир, осознает, как он бесконечен. Если мы отвергнем все формы зла и целиком наполним свои сердца истиной, то достигнем уровня «полноты духа».

Если наша вера возросла и достигла уровня полноты

духа, то мы можем подумать, что подошли к завершающему этапу. На самом же деле, это лишь начало духа. Даже в этом мире люди по-настоящему глубоко начинают входить в исследуемую ими тему, только получив ученую степень. Все свои знания, приобретенные до этого, мы начнем применять в разных областях жизни, когда войдем в полноту духа. Мы получим ответы на молитвы, исполнятся наши желания, и, более того, мы еще глубже войдем в дух.

Мы сможем решать любые математические проблемы, если научимся свободно оперировать формулами. Когда мы обращаемся к 66-ти книгам Библии, мы оказываемся в измерении, у которого нет границ. Чем больше мы знаем об этом измерении, тем больше понимаем, как же мало мы еще знаем о нем. Мы осознаем, что лишь отчасти понимаем сердце Бога, которое вмещает небеса и землю и все, что в них. Поэтому мы не можем не проявлять смирения пред Ним.

Но мы даже не приблизились к этому уровню. Не исполнять даже в малом повелений Божьих и при этом говорить, что мы что-то знаем, – это проявление гордыни. Если мы в действительности познали истину, то будем применять Слово на практике. Мы отвратимся от ненависти, зависти, ревности, прелюбодейных помыслов и лживости, и мы преобразимся, обретя такое же красивое сердце, как у Бога. Мы станем людьми смиренными, способными служить и подчиняться другим.

«Но кто любит Бога, тому дано знание от Него» (8:3).

В Притчах, 8:17, говорится, практически, то же самое: *«Любящих меня я люблю, и ищущие меня найдут меня»*. А в Евангелии от Иоанна, 14:15, сказано: *«Если любите Меня, соблюдите Мои заповеди»*.

Мы сможем понять сердце Бога и волю Его, соблюдая Его заповеди. Мы сможем общаться с Ним, став послушными Его сердцу и воле. Близость общения с Ним зависит от того, насколько мы следуем Его воле. Именно так мы обретем благоволение Его.

«Все же от Бога...»

«Итак об употреблении в пищу идоложертвенного мы знаем, что идол в мире ничто, и что нет иного Бога, кроме Единого» (8:4).

Употребление в пищу того, что принесено в жертву идолам, показывает, что мы еще не избавились от неправедности, греха и зла. Прежде чем мы познали истину Божью, нам, наверное, доводилось есть идоложертвенное. Тогда, принимая в пищу идоложертвенное, мы, должно быть, считали себя очень умными.

В этом мире некоторые люди считают глупыми тех, кто не умеют обманывать, ну хотя бы слегка. Потому что, преподнеся себя в должном свете, хвалясь собой, мы можем добиться признания людей.

Но как только мы приходим к Богу и осознаем истину, мы понимаем, что идол – ничто. Он не делает нас сильнее. Так как Бог сказал, что все дела, которые делаются под солнцем, – суета и томление духа, то мы понимаем, что богатство, слава, влияние в обществе – все это бессмысленно и ничего не значит.

Мы также знаем, что есть только Один Бог. Люди этого мира поклоняются многим, так называемым, «богам», но они не могут благословить их или привести в Царство Небесное. Только Один Единственный Бог может дать нам благословения и счастье.

> «Ибо хотя и есть так называемые боги, или на небе, или на земле, – так как есть много богов и господ много, – но у нас один Бог Отец, из Которого все, и мы для Него, и один Господь Иисус Христос, Которым все, и мы Им» (8:5-6).

Есть люди, которые поклоняются как идолам, солнцу, луне, Большой Медведице, Полярной звезде и разным духам. Но все эти объекты поклонения – неживые. Они не могут ни спасти нас, ни ответить нам.

В Книге пророка Аввакума, 2:18-20, говорится: *«Что за польза от истукана, сделанного художником, этого литого лжеучителя, хотя ваятель, делая немые кумиры, полагается на свое произведение? Горе тому, кто говорит дереву: ,,встань!" – и бессловесному камню: ,,пробудись!" Научит ли он чему-нибудь? Вот, он обложен золотом и серебром, но дыхания в нем нет. А ГОСПОДЬ – во святом храме Своем: да молчит вся земля пред лицом Его!»*

В изваяниях нет жизни. Только Бог – Живой; Он говорит к нам Своим голосом в снах и видениях, Он отвечает нам на молитвы. Это Бог, сотворивший все. Вот почему мы готовы на все для Него, мы служим Ему и поклоняемся Ему.

Бог – Творец всего, Он создал все через Иисуса Христа. В Евангелии от Иоанна, 1:3, говорится: *«Все чрез Него начало быть, и без Него ничто не начало быть, что начало быть»*. Как сказано, все было создано через Иисуса Христа. Кроме того, мы должны стать Божьими детьми через Иисуса Христа, поэтому мы – от Иисуса Христа.

Если мы продолжаем совершать грехи, зная, что это – грех…

«Но не у всех [такое] знание: некоторые и доныне с совестью, [признающею] идолов, едят [идоложертвенное] как жертвы идольские, и совесть их, будучи немощна, оскверняется» (8:7).

Слова «такое знание» указывают на знание воли Божьей, которая является истиной, изложенной в 66-ти книгах Библии. Такими знаниями не вполне обладают новообращенные, в которых нет веры, а также те, в ком есть вера, но воля Божья им в действительности не понятна.

Мы сможем распознать, в чем воля Божья, где истина, а где неправда, только тогда, когда наша вера поднимется на высокий уровень. Уровень веры у людей бывает разный; у некоторых из них «такое знание» вовсе отсутствует, у других этих знаний очень мало, но есть и те, которые знают много больше. И хотя у них есть эти знания, эти знания лишь частичные, не полные. Вот почему в этом стихе говорится: «Но не у всех [такое] знание».

Слово «некоторые» относится к людям, в которых вовсе нет веры или ее совсем мало. Слова «признающею идолов, едят идоложертвенное» означают, что, до того как они пришли к познанию истины, для них были привычными делами грехи, неправедность и зло.

Даже среди верующих, особенно новообращенных, которые не живут согласно истине, есть те, кто обманывают, обижаются, крадут, совершают прелюбодеяния. Они хотели бы перестать делать это, но не могут, оттого и страдают в сердце своем.

Предположим, что тот, кто совершил прелюбодеяние, приходит на богослужение и слышит проповедь о прелюбодеянии. Ему становится стыдно за себя, он не может смотреть в лицо пастору во время проповеди, и, опустив голову, он может даже задремать. Павел сказал, что их совесть немощна, потому что они до сих пор едят идоложертвенное, зная, что они не должны этого делать.

В 1-м послании Иоанна, 3:21-22, говорится: *«Возлюбленные! если сердце наше не осуждает нас, то мы имеем дерзновение к Богу, и, чего ни попросим, получим от Него, потому что соблюдаем заповеди Его и делаем благоугодное пред Ним»*.

Те, кто хранят заповеди Божьи и живут по Слову Его, уверены в себе. Поэтому они с дерзновением могут обо всем просить Бога и получать ответы от Него. Мы можем обрести подобную уверенность, соблюдая повеления Божьи, но наша совесть немощна, если мы едим идоложертвенное, заведомо зная об этом.

Что делать с идоложертвенным?

«Пища не приближает нас к Богу: ибо, едим ли мы, ничего не приобретаем; не едим ли, ничего не теряем» (8:8).

Бог – Творец, а мы всего лишь Его творения. Все в природе, и в том числе то, что мы можем употреблять в пищу, было сотворено Богом. Кроме того, все это было создано для нас, людей. Так что пища не может ни приблизить нас к Богу, ни изменить нашу веру.

Тот, кто пребывает в истине, ни в чем не испытывает нужды, даже отказавшись есть идоложертвенное. Но мирские люди думают, что они должны употреблять подобную пищу. Некоторые говорят, что быть христианином скучно, потому что придется бросить пить и курить.

Любителям танцев кажется, что они лишатся радости, если не будут танцевать. Тем, кому доставляют удовольствие азартные игры, рыбалка, гольф или другие светские развлечения, думают, что без них им будет невесело. Но у нас, у верующих, и без этих светских развлечений есть истинное чувство удовлетворенности: имея полноту Духа, мы живем в радости и благодарны за все.

Более того, тем, кто пребывает в истине, не интересны мирские удовольствия. Они знают, что все это тленно и бессмысленно. Они не ведут нас в жизнь вечную, и поэтому Библия говорит нам есть и пить только Слово Божье.

В Евангелии от Иоанна, 6:53, говорится: *«Иисус же сказал им: истинно, истинно говорю вам: если не будете есть Плоти Сына Человеческого и пить Крови Его, то не будете иметь в себе жизни».*

Кроме того, в 12-й главе Книги Исхода говорится, что мы должны съесть агнца целиком. Это означает, что мы должны принять Агнца – Иисуса Христа, Который является Словом, то есть, иначе говоря, принять все 66 книг Библии целиком. И тогда мы обретем истинное духовное удовлетворение.

> «Берегитесь, однако же, чтобы эта свобода ваша не послужила соблазном для немощных. Ибо если кто-нибудь увидит, что ты, имея знание, сидишь за столом в капище, то совесть его, как немощного, не расположит ли и его есть идоложертвенное?» (8:9-10)

«Ты» – это обращение к тем, кто понимает волю Божью и знает истину. Под «немощными» в этом случае подразумеваются новообращенные, в которых, как сказано в 7-м стихе, немощная вера.

Предположим, что я был в баре. Я пошел туда, чтобы встретиться с определенным человеком для проповеди Евангелия и духовного консультирования. Разумеется, я не выпивать туда отправился.

И, допустим, меня там увидел верующий, который не знает, что я живу в истине. Он может кому-то сказать: «О-о, даже мой пастор ходит в бар. Так что и я могу пойти тоже». После этого он отправляется в бар. А это значит, что он соблазнился. Во мне есть вера, и я не согрешу, даже если окажусь в таком месте. Но немощный может все неправильно понять и согрешить.

Позвольте мне привести другой пример. До того как я принял Господа, я любил играть в бадук. Но как только я открыл церковь, я перестал увлекаться этой игрой, потому что не хотел тратить на это свое время. Правда однажды, после пасторской конференции, во время перерыва я поиграл с одним из членов нашей церкви. Но я не стал бы играть в присутствии новообращенного, имеющего малую веру.

Если бы человек с немощной верой увидел это, он мог бы настолько увлечься игрой в бадук, что стал бы пропускать часы молитвы или даже воскресные служения. Поэтому те, в ком есть вера, всегда должны проявлять осторожность, чтобы их свобода не стала камнем преткновения для людей со слабой верой.

> «И от знания твоего погибнет немощный брат, за которого умер Христос. А согрешая таким образом против братьев и уязвляя немощную совесть их, вы согрешаете против Христа. И потому, если пища соблазняет брата моего, не буду есть мяса вовек, чтобы не соблазнить брата моего» (8:11-13).

Быть может, мы, зная волю Божью, совершаем такие действия, из-за которых погибает человек, в ком вера немощна. А это значит, что его греховные поступки стали результатом наших действий. Но ведь он – наш брат. И за него тоже Иисус умер на кресте. Следовательно, никто их наших братьев не должен оступаться из-за нас.

Если брат согрешит из-за нас, то это равносильно тому, что мы сами совершили грех. Господь пожертвовал Собой на кресте ради нас, но когда мы становимся причиной того, что кто-то из братьев грешит, то это все равно что мы согрешили против Иисуса Христа.

В 13-м стихе говорится: «И потому, если пища соблазняет брата моего, не буду есть мяса вовек, чтобы не соблазнить брата моего».

В Павле была вера, которая позволяла ему есть

идоложертвенное. Но если бы это могло соблазнить другого брата, то он вовсе не стал бы есть никакого мяса. Он не стремился найти выгоды для себя.

Позвольте мне привести вам один пример. Продукты, которые приносятся в жертву идолам, – это тоже пища, дарованная нам Богом. Употреблять ее с верой – не грех. Но предположим, что человек со слабой верой, глядя на нас, тоже станет есть ее. Если он будет думать, что есть идоложертвенное – это грех, то это в действительности становится грехом. В подобном случае нам, ради этого человека, не следует принимать такую пищу.

Итак, что же нам делать в ситуации, когда члены нашей семьи или наши сослуживцы делают жертвоприношения идолам?

Нам никогда не следует поклоняться идолам и участвовать в подобных ритуалах. Но коли уж мы присутствуем при этом, нам нужно лишь стоять и молиться Богу. Подобные жертвоприношения принимаются демонами, поэтому не стоит даже просто склонять перед ними свою голову.

Мы можем слегка прикрыть глаза и молиться примерно так: «Господь, изгони врага дьявола из моей семьи и позволь всей семье принять Евангелие».

Лучше бы нам не употреблять в пищу продукты, положенные на жертвенник идолам, но если приходится это делать, то есть идоложертвенное следует с верой. Ведь если члены семьи огорчатся оттого, что мы не едим с ними, и из-за этого нарушится мир в семье, то проповедовать Евангелие им будет намного труднее.

Ситуации могут быть разными. Допустим, вы приступили к еде с верой, а кто-то сообщил вам, что блюдо приготовлено из идоложертвенных продуктов. Человек сказал вам об этом, думая, что вы не можете принимать такую пищу. Ради этого человека вы должны отказаться от еды.

Итак, нам следует исходить из интересов других людей и не допускать, чтобы кто-то из братьев совершил грех, даже если нам придется для этого пожертвовать собой. Чтобы поступать так, мы должны стать людьми духа и пребывать во свете.

Глава 9

Путь апостолов

— Он не воспользовался правами апостола
— Он благовествовал бескорыстно
— Он всем поработил себя
— Побеждать, пробежав ристалище, как апостол!

Он не воспользовался правами апостола

«Не Апостол ли я? Не свободен ли я? Не видел ли я Иисуса Христа, Господа нашего? Не мое ли дело вы в Господе?» (9:1).

Бог даровал людям свободную волю. Бог дал Адаму свободу выбора – есть или не есть ему от дерева познания добра и зла; но Он сказал, что Адам «смертью умрет», если отведает запретный плод. У нас есть такая же свобода выбора – верить или не верить в Бога.

Апостол Павел тоже был свободным человеком. У него была свобода выбора – трудиться для Бога или нет. Он мог выбирать, что ему есть и что ему пить.

Будучи свободным человеком, Павел в то же время был и апостолом. Апостол – это слуга Божий, тот, кто полностью следует воле Божьей, покорен Ему до самой смерти и прославляет Его, свидетельствуя о том, что Бог – Живой. Так как с такими апостолами, как Павел, был Бог, то, как сказано в 16-й главе Евангелия от Марка, их должны были сопровождать знамения.

Раб Божий достоин называться апостолом, если он прославляет Бога чудесами и знамениями, направляет паству к истинной вере и наставляет ее на путь, ведущий к вечной жизни. И хотя Павел говорит, что он человек свободный, он в то же время апостол, который действует не по собственному усмотрению.

Апостол Павел прожил жизнь, ходя с Богом с того времени, как он встретил Господа. Благодаря молитвам, он всегда ощущал Божье присутствие и получал ответы от Него. И он, сказав: «Не видел ли я Иисуса Христа, Господа нашего?» – имел в виду этот свой опыт.

Павел был свободным человеком. Но он был апостолом, и поэтому не поступал по собственному разумению. Он действовал только согласно воле Божьей и истине. Усердным благовествованием он дал жизнь верующим Коринфской церкви. Об этом он говорит: «Не мое ли дело вы в Господе?»

«Если для других я не Апостол, то для вас [Апостол]; ибо печать моего апостольства – вы в Господе» (9:2).

Апостол Павел благовествовал верующим в Коринфе; через знамения и чудеса он приводил их к вере в Бога и наставлял на путь, ведущий к вечной жизни. Павел говорил, что для них он однозначно является апостолом, потому что дал им родиться через Евангелие.

Однако те, кто не знают Бога, не могут называть его апостолом, потому что они не ведают, кем является апостол. И даже среди верующих были люди, недостаточно хорошо знавшие истину или не являвшиеся членами Коринфской церкви, которые могли решить, что он не был для них апостолом. Мы можем понять это по тому, что среди них были те, кто распространял ложные слухи, в частности, говоря: «Павел, запрещая обрезание, совершает ошибку. Павел – еретик».

Но в Коринфе апостол Павел сеял Слово Божье. И если бы верующие должным образом принимали это Слово Божье, то они бы признали в нем апостола. Павел говорит об этом так: «Ибо печать моего апостольства – вы в Господе».

> **«Вот мое защищение против осуждающих меня. Или мы не имеем власти есть и пить? Или не имеем власти иметь спутницею сестру жену, как и прочие Апостолы, и братья Господни, и Кифа? Или один я и Варнава не имеем власти не работать?» (9:3-6)**

Не только в церкви Коринфа, но и в других местах были люди, которые осуждали Павла или просто недостаточно хорошо знали истину. Они пытались найти в нем недостатки, говоря: «Почему Павел не женится? Почему он ест вот это, а почему он не ест того. Почему он против обрезания?»

Что ж, даже у Иисуса был такой ученик, как Иуда Искариот. Были также завистники и у Павла. Они не принимали его и все равно предали бы его, хотя он чудесами и знамениями подтверждал, что Бог – Живой. Павел говорит именно о таких людях.

Местоимение множественного числа «мы», используемое в 4-м стихе, подразумевает Варнаву и, соответственно, других соработников Павла.

Павел также говорит: «Или мы не имеем власти есть и пить?» Конечно, он обладал свободой и правом есть и пить то, что ему захочется.

Он также говорит, что он, как и другие братья Господни и Кифа, мог бы иметь жену, но все дело только в том, что он сам предпочел в то время не жениться.

Слова «прочие Апостолы» относятся к двенадцати ученикам и тем, кого можно назвать апостолами. «Братья Господни» – это братья Иисуса, к примеру, как Иаков, по семейной линии. Кифа, что значит «камень», – это Петр. Павел упоминает о Петре, так как он главный из двенадцати.

Но это не означает, что они путешествовали со своими женами ради удовольствия. Имеется в виду, что они брали своих жен на пасхальный ужин и другие встречи. Апостол Павел и Варнава тоже имели на это право, но они этого не делали. Почему они не позволяли себе хоть иногда отдохнуть? Они работали без устали, потому что любили Господа и души.

> «Какой воин служит когда-либо на своем содержании? Кто, насадив виноград, не ест плодов его? Кто, пася стадо, не ест молока от стада? По человеческому ли только [рассуждению] я это говорю? Не то же ли говорит и закон? Ибо в Моисеевом законе написано: ,,не заграждай рта у вола молотящего". О волах ли печется Бог? Или, конечно, для нас говорится? Так, для нас это написано; ибо, кто пашет, должен пахать с надеждою, и кто молотит, [должен молотить] с надеждою получить ожидаемое» (9:7-10)

Когда мы поступаем на военную службу, мы не тратим свои деньги на покупку еды. Нас будут кормить в армии, одевать, у нас будет, где спать. А Павел делал Божье дело, зарабатывая себе деньги на жизнь.

Мы не сажаем виноградник только для того, чтобы смотреть на него. Мы растим его, чтобы собрать плоды. Мы пасем стадо, чтобы получить молоко, мясо, шкуру и шерсть. Почему Павел использует эту аллегорию?

Во Второзаконии, 25:4, говорится: *«Не заграждай рта волу, когда он молотит»*. Волов используют для вспашки земли, и они приводят в движение жернова для перемола зерна. Иногда волы, вспахивая поле, съедают некоторое количество зерна и травы. И тогда бессердечный хозяин останавливает их криками и ударами хлыста.

Волы так много работают, а съедают всего-то немного зерна и травы. Если хозяева кричат на них, то им, должно быть, по-своему горько от этого. Однако слово относится к нам, оно обращено ко всему человечеству, и оно не предназначено для стада домашнего скота. Павел просто использует эту аллегорию с волом, чтобы людям было понятнее.

Апостолы или слуги Господа проповедуют Слово Божье, чтобы спасти умирающие души и наставить их на путь, ведущий в вечность. Но они не смогут сделать этого, если будут голодать. Поэтому им следует поддерживать себя, чтобы продолжать жить. Это означает, что они должны быть способны посеять что-то духовное и, вместе с тем, пожать нечто материальное. Объяснение этому принципу дается даже в Ветхом Завете.

> «Если мы посеяли в вас духовное, велико ли то, если пожнем у вас телесное? Если другие имеют у вас власть, не паче ли мы? Однако мы не пользовались сею властью, но все переносим, дабы не поставить какой преграды благовествованию Христову» (9:11-12).

Апостол Павел и Варнава посеяли определенные

духовные семена, а именно Евангелие, в верующих Коринфской церкви. Они привели их к покаянию, чтобы те, сойдя со смертного пути и приняв Господа, могли встать на путь, ведущий к вечной жизни. Поэтому не было ничего плохого в том, чтобы и они получили то, в чем нуждались, от членов Коринфской церкви.

Но это не значит, что апостол Павел в действительности получал от верующих какие-то материальные ценности.

Другие слуги Божьи благовествовали и получали от верующих средства к существованию. И для апостола Павла было бы естественно получать материальную поддержку верующих, ведь это он создал церковь в Коринфе и через благовестие дал жизнь многим овцам стада Божьего!

Чтобы не было никаких препятствий в проповеди Евангелия, апостол Павел и Варнава не пользовались подобными привилегиями. Павел упомянул об этом, так как в церкви уже возникали подобные проблемы по таким вопросам.

Как бы ни было правильно, справедливо и приемлемо для апостолов получать материальное обеспечение от своей паствы, Павел не хотел пользоваться этим правом, чтобы ни у кого из овец не возникло преткновения от мысли: «А должны ли мы делать подобные пожертвования?»

«Разве не знаете, что священнодействующие питаются от святилища? что служащие жертвеннику берут долю от жертвенника? Так и Господь повелел проповедующим Евангелие жить от благовествования. Но я не пользовался ничем таковым. И написал это не для того, чтобы так было для меня. Ибо для меня лучше умереть, нежели чтобы кто уничтожил похвалу мою» (9:13-15).

«Священнодействующие» – это те, кто трудятся в церкви полный рабочий день. «Служащие жертвеннику» – это пасторы, служители Божьи. Если человек занят в церкви полный рабочий день, разве Бог не обеспечит его всем необходимым? Божьи слуги, пасторы могут также воспользоваться тем, что снято с алтаря. Все эти положения подробно объясняются в правилах, данных в Ветхом Завете.

Те же самые принципы применяются и во времена Нового Завета. Когда ученики отправлялись в миссионерское путешествие, Иисус в Евангелии от Матфея, 10:9-10, сказал им: *«Не берите с собою ни золота, ни серебра, ни меди в поясы свои, ни сумы на дорогу, ни двух одежд, ни обуви, ни посоха, ибо трудящийся достоин пропитания».*

Он сказал им не брать с собой ни золота, ни серебра, ни меди, никакой другой одежды, кроме той, что на них надета. В Послании к Галатам, 6:6, говорится: *«Наставляемый словом, делись всяким добром с наставляющим».*

То есть это правильно, когда верующие обеспечивают того, кто обучает их добру, помогают ему, а он принимает их помощь.

Павел знал человеческое сердце, он ясно слышал голос Святого Духа. У верующих Коринфской церкви постоянно были проблемы и испытания, потому что они не жили в истине. Поэтому Павел не хотел брать у них ни еды, ни денег.

Он не пользовался своими правами. И, назидая их, он не намеревался что-либо получить от них. Поэтому Павел смело поучал их по Слову, говоря: «Ибо для меня лучше умереть, нежели чтобы кто уничтожил похвалу мою».

Но мы должны представлять себе ситуацию того времени. Апостол Павел не со всеми церквями поступал так. Если какая-либо церковь снабжала его хорошими вещами, он с благодарностью и радостью принимал их. Верующие же в Коринфе создавали только проблемы, а не служили, поэтому он ничего не брал от них.

Он благовествовал бескорыстно

«Ибо если я благовествую, то нечем мне хвалиться, потому что это необходимая [обязанность] моя, и горе мне, если не благовествую!» (9:16)

Как только мы принимаем Господа и узнаем Бога, мы должны проповедовать Евангелие своим ближним, чтобы направить их к Царству Небесному; нам не следует довольствоваться лишь тем, что мы сами идем на Небеса. Распространять Евангелие – это наш долг, так что этим мы не можем хвалиться. Но мы можем гордиться плодами, которые приносит наше благовестие.

Мы будем гордиться, к примеру, спасением многих душ, способностью являть многочисленные знамения Божьи, распространять благоухание Христа неверующим, получать ответы и прославлять Бога. Проповедовать Евангелие – обязанность каждого верующего.

Павел сказал: «... и горе мне, если не благовествую!» В

слове «горе» заключено два значения.

Первое – это, когда мы знаем, что такое «благость», но не применяем свои знания на практике. Допустим, что наши братья, родственники и соседи идут путем, ведущим в ад, и не проповедовать им Евангелие – это все равно что просто наблюдать за теми, кто тонет.

В Послании Иакова, 4:17, говорится: *«Итак, кто разумеет делать добро и не делает, тому грех»*. Если мы не благовествуем, то нам нечего будет сказать пред Господом в Судный День. Если Он спросит нас: где наши родители, братья и наши ближние? – то мы не посмеем даже головы поднять.

В другом случае, горе нам, если мы верим в Бога, но не проповедуем Евангелие. Это свидетельствует о том, что в нас отсутствуют истинная вера и благодать. Это также доказывает, что мы не любим Бога. Горе нам, потому что мы убедили себя и тем довольствуемся. А Бог радуется, когда мы благовествуем. Так что, если мы не проповедуем Евангелие, значит, нас устраивает спасение в одиночку, а это, в свою очередь, говорит о том, что мы не наполнены Духом.

> **«Ибо если делаю это добровольно, то [буду] иметь награду; а если не добровольно, то [исполняю только] вверенное мне служение. За что же мне награда? За то, что, проповедуя Евангелие, благовествую о Христе безмездно, не пользуясь моею властью в благовествовании» (9:17-18).**

Если мы что-либо делаем добровольно для Царства Божьего, то мы получим не только небесные награды, но и будем благословлены, живя на этой земле.

У Павла, как у апостола, были обязанности, и он проповедовал Евангелие, даже если ему этого не совсем хотелось. Если служители Божьи, недовольные зарплатой или пособием, которые они получают, бросают свои обязанности для того, чтобы подняться выше, то это неправильно.

Есть пасторы, которые, мирясь со многими трудностями, берут на себя обязанность проповедовать Евангелие в отдаленных горных районах или на небольших островах, считая это особо ценным поручением, данным Богом. Но если мы отказываемся от возложенных на нас Богом обязанностей по каким-то финансовым или физическим причинам, то как мы будем выглядеть перед Богом в Судный День?

Павел проповедовал Евангелие на безвозмездной основе. Вот почему он мог сказать, что не использовал своего права получать от верующих продовольствие и другие предметы первой необходимости.

Некоторые говорят, что пасторы или штатные работники церкви трудятся только для Бога и им будет дано множество наград. Однако это не совсем так, потому что они получают зарплату от Бога за свою работу в церкви.

Как же тогда они могут получить небесные награды? Когда обычные прихожане в свободное время трудятся для Бога, они получают свою награду. Точно так же, когда пасторы делают больше того, за что им платят, к примеру, делают пожертвования или молятся сверх того, что они должны, тогда воздаянием за это им будет небесная награда.

Но если они делают только то, за что им платят, то они заслуживают упрека. Они могут получить награду, только когда делают больше того, за что получают зарплату. Апостол Павел не только работал сверх меры, но он еще и не пользовался своим правом получать необходимые средства к существованию от верующих. И за это он тоже получил награду.

Я служил в церкви, учась в богословском колледже, и не получал от церкви никакой зарплаты. Когда я открыл церковь сам, Бог благословил меня за мои труды. Несмотря на то, что церковь только что открылась и прихожан было еще совсем немного, Бог благословлял меня через верующих.

Я открыл церковь, имея лишь 7.000 вон, а это около 7 долларов США, но когда через месяц мы проводили служение по случаю открытия церкви, у нас в святилище были и кафедра, и стулья, и все другие необходимые для служения вещи.

Благовествовать – это долг всех детей Божьих, а не только пасторов. Мы должны компенсировать цену Крови Господней. Мы не сможем ни возвысить головы, ни сказать что-либо, если не исполним этого долга.

Он всем поработил себя

«Ибо, будучи свободен от всех, я всем поработил себя, дабы больше приобрести: для Иудеев я был как Иудей, чтобы приобрести Иудеев; для подзаконных был как подзаконный, чтобы приобрести подзаконных» (9:19-20).

Апостол Павел был человеком свободным, никем не связанным. И к тому же он познал истину и жил в истине так, как это сказано в Евангелии от Иоанна (8:32): *«И познаете истину, и истина сделает вас свободными»*.

До того как мы встанем на камень веры, нам может казаться, что истина сковывает нас. Мы начинаем думать, что лишены возможности делать то, что нам хочется, и это осложняет нашу жизнь. Но, встав на камень веры, мы будем исполнять истину без принуждения. Это станет естественным для нас. И тогда мы получим ответы на свои молитвы и прошения и будем наполнены радостью и миром.

Мы станем за все благодарить в любой ситуации и будем чувствовать себя свободными во всем. Но Павел говорит, что он всем поработил себя, чтобы спасти больше душ.

Для того чтобы спасти неверующих, мы должны быть рядом с ними. Некоторые утверждают, что не нужно общаться с неверующими, но это никак не может быть правдой. Как же мы можем спасти их, если у нас нет никакой дружбы, никакой связи с ними?

Иудеи верят в Бога, но не в Иисуса Христа. Нам следует идти к ним, достигать их и сеять в них слово об Иисусе Христе, чтобы они получили Святого Духа и спасение. Мы должны быть с ними.

В стихе 20-м говорится: «Для подзаконных был как подзаконный». Здесь под законом имеются в виду не 66 книг Библии, а Закон Ветхого Завета.

Прежде люди совершали различные жертвоприношения и строго этого придерживались. Но в Новом Завете Иисус стал искупительной жертвой за всех, и поэтому мы приносим духовные и живые жертвы вместо тех, которые совершались в Ветхозаветные времена.

Например, Закон запрещает есть свинину (Левит, 11:7-8). Но для язычников во времена Нового Завета это не имело особого значения, хотя, конечно, лучше соблюдать Закон (Деяния, 15:28-29).

Многие же иудеи до сих пор строго соблюдают Закон Ветхого Завета, и их жертвоприношения – это их дела. Они не участвуют в духовных богослужениях.

Павел был свободен от подобных легалистических взглядов, но с иудеями он был как иудей; он проводил с ними время, чтобы проповедовать истину и Иисуса Христа. Павел стал для них как соль, которая проникает в каждую часть продукта, чтобы сделать его вкуснее.

> «Для чуждых закона – как чуждый закона, – не будучи чужд закона пред Богом, но подзаконен Христу, – чтобы приобрести чуждых закона» (9:21).

Под «чуждыми закона» здесь подразумеваются неверующие, которые не знают Бога. Закон Ветхого Завета был основан на видимых делах, и поэтому они делали обрезание крайней плоти своего тела. Но в Новом Завете у нас есть не только Закон дел, но и Закон любви. И мы обрезаем свое сердце, чтобы очистить его.

Апостол Павел не был чужд Закона, но был подзаконен Иисусу Христу. Однако он стал, как чуждый Закона, чтобы, поняв, приняв и полюбив их, стать им другом, иметь возможность проповедовать им Иисуса Христа и направить их к свету и спасению.

> «Для немощных был как немощный, чтобы

приобрести немощных. Для всех я сделался всем, чтобы спасти по крайней мере некоторых. Сие же делаю для Евангелия, чтобы быть соучастником его» (9:22-23).

Сказав, что он «для немощных был как немощный», Павел не имел в виду, что он был такой же, как они, – больной и бессильный. Он говорит нам, как нужно относиться к людям, чтобы стать их друзьями. Мы должны понимать сердца тех, кто болен, и проповедовать им Иисуса Христа. Это и значит стать соучастником Евангелия.

Когда я консультирую членов церкви, я делаю это в соответствии с их уровнем веры. Один человек, став жертвой дорожно-транспортного происшествия, как-то пришел ко мне и спросил: «Виновник происшествия говорит, что даст мне тысячу долларов. Этих денег хватит, чтобы оплатить счет за госпиталь. Но если я подам на него в суд, то я смогу получить две тысячи долларов. Что мне делать?»

В этой ситуации мой ответ зависит от уровня веры человека. Если он делает первые шаги в вере, то не будет греха, если он предпочтет судебное разбирательство, поэтому я могу просто сказать, что он может поступить так, как ему хочется. Если я ему посоветую принять тысячу долларов, то не исключено, что он подумает: «Если бы я ни обратился к нему, а просто пошел в суд, то я бы получил две тысячи долларов. А теперь мне придется сделать так, как велит пастор. Теперь я потеряю тысячу долларов».

Если у него нет твердого намерения последовать совету, то он в конце концов не послушается. А тогда за него быстро возьмется сатана, и ему придется нелегко. Поэтому тем, у кого недостаточно веры, я могу говорить просто то, что находится в пределах истины, при условии, что они не грешат.

Однако тем, кто стоит на камне веры, я непременно скажу: «Ты можешь просто взять тысячу долларов, ведь эта сумма покрывает твои расходы на лечение в госпитале. А если у тебя возникнут другие проблемы, ты можешь получить исцеление от Бога через веру».

Ну а если этот человек находится на еще более высоком уровне веры, то я ему посоветую: «Предай все в Божьи руки и получи исцеление. Этот водитель совершил ошибку, почему бы тебе не простить его, не беря с него никакой компенсации за это?» Если он покорится этому совету, то сможет испытать на себе Божье чудо.

Бог обязательно полностью исцелит его по вере. В этом случае ему не придется идти в госпиталь и переносить болезненное лечение. От его благородного поступка будет исходить благоухание Христа. Это самый лучший из возможных вариантов развития событий.

У каждого человека разная мера веры, неодинаковы в них также меры добра и зла. Поэтому мы должны консультировать их согласно их мере веры. Нам следует понять их точку зрения и давать советы, соответствующие их мере веры.

Для того чтобы это сделать, мы должны почитать других выше себя (Посл. к Филиппийцам, 2:3). Как же почитать выше себя человека, который меньше нас знает или менее образован? Здесь нас не призывают считать, что он знает больше нашего. Смысл в том, что мы должны понимать таких людей, встав на их место. Они тоже Божьи дети, и нам следует принимать их такими, какие они есть.

Если у человека вспыльчивый характер, то он вот такой, какой есть, и мы должны понимать это. Если кто-то лжет, то нам следует понимать и принимать его. Просто отстранится от него – это гордыня. Нам нужно даровать такому человеку благодать, посеять в нем веру и окружить его любовью.

Для того чтобы приобрести больше душ, апостол Павел относился к людям, учитывая особенности каждого. Мы тоже должны следовать его примеру.

Побеждать, пробежав ристалище, как апостол!

«Не знаете ли, что бегущие на ристалище бегут все, но один получает награду? Так бегите, чтобы получить. Все подвижники воздерживаются от всего: те для получения венца тленного, а мы – нетленного» (9:24-25).

На Олимпийских играх в каждом виде спорта только один человек получает золотую медаль. Павел призывает нас тоже пробежать дистанцию так, чтобы получить эту золотую медаль. То есть мы должны стать соучастником Евангелия и стараться получить золотую медаль.

Мы уже начали свой бег к вратам в Небеса. Наша конечная цель – Новый Иерусалим, где мы сможем получить золотую медаль, а точнее, золотой венец, и нам следует усердно двигаться к этой цели.

В 25-м стихе говорится: «Все подвижники воздерживаются от всего». Чтобы держать под контролем свой вес, боксеру, к примеру, нужно усердно тренироваться и соблюдать диету. То же относится и к нам.

Чтобы больше молиться, нам придется меньше смотреть телевизор; чтобы трудиться для Бога, нам следует воздерживаться от мирских развлечений и прогулок. Мы должны управлять собой, чтобы не злиться. Более того, мы обязаны отвергнуть все грехи, стараясь вплоть до пролития крови.

Даже если кто-то стал чемпионом и выиграл золотую медаль, то это имеет значение только здесь, на земле. Данный успех не продлится вечно, и он ничего не значит для Бога. Поэтому имеющие истинную веру не станут завидовать подобным победам.

Они будут воздерживаться от всего, чтобы обрести вечные венцы – такие, как золотой венец, венец праведности, венец жизни и венец нетленный.

«И потому я бегу не так, как на неверное, бьюсь не так, чтобы только бить воздух; но усмиряю и порабощаю тело мое, дабы, проповедуя другим, самому не остаться недостойным» (9:26-27).

Когда мы бежим, у нас есть цель. Бег на марафонскую дистанцию предполагает, что у нас есть цель и определенное направление. Если мы собьемся с курса, то, как бы усердно мы не бежали, пользы от этого не будет. Если боксер наносит удары в воздух, то и это абсолютная бессмыслица.

Аналогично этому, мы должны ставить определенные цели в истине. В Евангелии от Матфея, 7:21, говорится: *«Не всякий, говорящий Мне: „Господи! Господи!", войдет в Царство Небесное, но исполняющий волю Отца Моего Небесного».* Мы должны следовать воле Божьей.

Если мы не следуем воле Божьей, то нам не удастся войти на Небеса. И, несмотря на наш усердный труд для Бога, мы не получим золотую медаль за веру. Какой же работы Бог ждет от нас? Во-первых, Он хочет, чтобы люди трудились для Него в истине с чистым сердцем.

Некоторые прихожане делают волонтерскую работу, утаивая в себе зло. Кто-то трудится больше других, чтобы похвалиться своим усердием. Богу не угодна такая работа. Сколько бы мы ни делали, но если мы трудимся не в истине, то нарушаем мир. Такие дела лишь порочат Бога, и из-за них в коллективе только распри. Они дают повод сатане начать действовать.

До того как я открыл эту церковь, мы с женой владели небольшим магазином, и мы знали человека, который старательно проповедовал Евангелие. Он был ростовщиком. Если кто-то вовремя не возвращал ему деньги, он кричал на всю улицу, используя нецензурные слова. Люди презирали его за то, что он говорил отвратительные вещи.

А между тем, он усердно благовествовал. Если мы, как этот человек, не живем в истине, то Бог скажет: «Я вас не знаю», хотя мы старательно трудились для Царства Его. Должна быть однозначная ясность того, что мы должны следовать воле Божьей.

Мы должны благовествовать, живя в истине. Если проповедник живет в грехах и при этом советует другим верить в Бога и жить по Слову Его, то это не может быть истиной. Павел говорит, что он усмиряет свое тело и порабощает его, чтобы, когда ему придется проповедовать другим, он не был бы дисквалифицирован.

Глава 10

Делать все для славы Божьей

— Пройти крещение в облаке и в море
— Сыны Израилевы были уничтожены за свои злодеяния
— Бог дает облегчение при искушении
— «Убегайте идолослужения»
— Буквальное значение идолопоклонства
— Делайте все во славу Божью

Пройти крещение в облаке и в море

«Не хочу оставить вас, братия, в неведении, что отцы наши все были под облаком, и все прошли сквозь море; и все крестились в Моисея в облаке и в море» (10:1-2).

Слово «братия» относится ко всем детям Божьим. Павел действительно хочет, чтобы они знали истину, волю Божью, о чем он и собирается говорить в дальнейшем.

Во-первых, он говорит: «...отцы наши все были под облаком, и все прошли сквозь море». «Отцы наши» – это сыны Израилевы, жившие во времена Исхода. Когда они вышли из Египта, Бог защищал их столпом облачным днем и столпом огненным – ночью.

Бежав из Египта, они пересекли Красное море. Посланный Богом восточный ветер разделил Красное море, и воды его расступились, встав стеной по разные стороны. Скорость ветра была настолько большой, что водяные стены не обрушивались. Бог открыл для них путь, и они перешли на другой берег по морскому дну.

И, далее, что означают слова «все крестились в Моисея в облаке и в море»?

Сыны Израилевы принадлежали Моисею, потому что именно Моисей вывел их из Египта. Как известно, облака проливаются дождем. Павел, сказав, что «все крестились в Моисея в облаке и в море», имел в виду то, что они пересекли море под облаком.

Крещение должно проходить с погружением в реку, что для большинства церквей в действительности просто невозможно. Поэтому они крестят, используя небольшое количество воды. Так и Бог считает, что сыны Израилевы были крещены, когда они под облаком пересекали море. Крещение водой является символом очищения от грехов, а также символом спасения.

> «И все ели одну и ту же духовную пищу; и все пили одно и то же духовное питие: ибо пили из духовного последующего камня; камень же был Христос» (10:3-4).

Едой для сынов Израилевых в пустыне была манна, данная им Богом. Сами люди манну не взращивали. Ее дал им Бог, открыв врата небесные. Поэтому манна была пищей духовной. Кроме того, когда людям захотелось пить, вода пошла из скалы, по которой Моисей ударил посохом. Вода – это духовное питье, и она забила из скалы благодаря силе Божьей.

Ветхий Завет – это тень и прообраз Иисуса Христа, явленного в Новом Завете. Духовной пищей и духовным питьем в Новом Завете являются Плоть и Кровь Иисуса Христа. Библия сравнивает Тело Господа с «живым хлебом» или «хлебом жизни».

В Евангелии от Иоанна, 6:54-55, Иисус говорит: *«Ядущий Мою Плоть и пиющий Мою Кровь имеет жизнь вечную, и Я воскрешу его в последний день. Ибо Плоть Моя истинно есть пища, и Кровь Моя истинно есть питие».*

Продолжая, Павел говорит: «Ибо пили из духовного последующего камня». Когда у сынов Израилевых не было в пустыне воды для питья, они роптали против Моисея, а Моисей молился. *«Вот, Я стану пред тобою там на скале в Хориве, и ты ударишь в скалу, и пойдет из нее вода, и будет пить народ. И сделал так Моисей в глазах старейшин Израильских»* (Исход, 17:6).

Когда Моисей, исполнив повеление Божье, ударил по скале, из нее пошла вода. И это сохранило им жизнь.

Эта скала – прообраз Иисуса Христа. Пить воду, текущую из скалы, то есть Иисуса Христа, – значит усваивать Слово, являющееся Плотью Иисуса Христа. Только те, кто вкушают исходящее от Иисуса Христа

Слово, все 66 книг Библии, обретут вечную жизнь. Мы не сможем обрести жизнь вечную, если не будем принимать Слово истины – Плоть Иисуса Христа.

Бог сказал Моисею ударить по скале не только для того, чтобы показать Свою силу. Скала – крепка и нерушима. У каменной скалы достаточно прочности, чтобы выдержать любую тяжесть. Из этих камней закладывается фундамент здания.

Так почему же Иисус Христос сравнивается со скалой или с камнем?

Иисус – скала, на которой стоит наше спасение. Но, кроме того, твердым камнем можно также что-то и разрушить. Господь разрушил власть смерти и победил дьявола. Вот почему Иисус Христос сравнивается со скалой.

Вода пошла после того, как по этой скале был нанесен удар. Это означает, что наша жизнь продолжается, когда мы получаем воду через Иисуса Христа. Под водой подразумевается живая вода, которая есть Слово Божье. Чтобы сохранилась жизнь, людям нужна вода; точно так же и в духовном смысле: когда мы принимаем Слово, которое является живой водой, мы идем путем, ведущим к вечной жизни. Чтобы подчеркнуть этот духовный принцип, Бог сделал так, чтобы вода пошла из скалы, хотя благодаря силе Божьей она могла появиться откуда угодно.

Сыны Израилевы были уничтожены за свои злодеяния

«Но не о многих из них благоволил Бог, ибо они поражены были в пустыне» (10:5).

Все первое поколение Исхода, кроме Иисуса Навина и Халева, умерло в пустыне. Верили ли в Бога сыны Израилевы? Если бы Моисей спросил их, веруют ли они в Бога, они бы утвердительно сказали: «Аминь!»

Они были свидетелями Десяти казней, разделения Красного моря, видели, как из скалы пошла вода. Они ели манну, сошедшую с небес, их направлял столп облачный днем и столп огненный ночью. Они видели многие знамения и, разумеется, знали о Боге.

Однако все они умерли в пустыне. В чем же причина? Бог не говорит, что мы можем быть спасены благодаря нашим знаниям (От Матфея, 7:21). Если мы не поступаем согласно воле Божьей, то Бог не считает, что в нас есть вера.

Сыны Израилевы ели духовную пищу и пили духовное

питье, но они не принимали все это с истинной верой. И они роптали против Бога и против Моисея, когда им нечего было есть. Вот почему Павел говорит, что «они поражены были в пустыне» из-за того, что делали неугодное Богу.

То же происходит сегодня и с нами. Если мы жалуемся, когда проходим через испытания и искушения, то этим мы показываем свое маловерие. Мы радуемся и благодарим, когда получаем ответы на свои молитвы. Но если мы унываем и не радуемся в трудной ситуации, Бог не сможет сказать, что в нас есть вера.

«А это были образы для нас, чтобы мы не были похотливы на злое, как они были похотливы» (10:6).

Глядя на свое отражение в зеркале, мы сразу заметим, чистая или грязная на нас одежда. Точно так же можно определить, какое в нас сердце, посмотрев на него сквозь призму 66-ти книг Библии. И тогда мы можем обнаружить в своем сердце зависть, ревность, ненависть, критицизм, надменность и другие проявления зла.

В Ветхом Завете сыны Израилевы были поражены в пустыне за их тягу к порочному. И также в Новом Завете, если мы, утверждая, что верим в Бога, живем в грехах, Бог скажет: *«Я никогда не знал вас»* (От Матфея, 7:23). Так что мы должны очиститься от грязи в своем сердце духовной водой, которой является Слово Божье.

Например, если кого-то выбрали лидером церкви, найдутся люди, которые станут завидовать ему. Хотя такие люди должны быть благодарны за то, что не их избрали! То, что они завидуют, уже само по себе доказывает, что они не могут быть лидерами церкви.

Кроме того, тот, которого не переизбрали на следующий срок, тоже должен за это быть благодарен. Это вполне закономерный исход для человека, который не исполнял свою работу должным образом. Если же лидер в отведенный ему срок вырастил другого достойного служителя, обладающего необходимыми лидерскими навыками, то это просто замечательно. И нынешний лидер должен испытывать благодарность.

> «Не будьте также идолопоклонниками, как некоторые из них, о которых написано: „народ сел есть и пить, и встал играть". Не станем блудодействовать, как некоторые из них блудодействовали, и в один день погибло их двадцать три тысячи» (10:7-8).

В духовном понимании, к идолам относится все, что мы любим больше, чем Бога. Если больше, чем Бога, мы любим деньги, то это идолопоклонство, и деньги являются нашим идолом.

Сыны Израилевы сделали золотого тельца и поклонялись ему, пока Моисей постился в горах в течение

40 дней, чтобы получить Десять Заповедей. В приведенном отрывке описывается сцена, когда сыны Израилевы ели, пили и развлекались.

В Числах, 25:1-3, говорится: *«И жил Израиль в Ситтиме, и начал народ блудодействовать с дочерями Моава, и приглашали они народ к жертвам богов своих, и ел народ [жертвы их] и кланялся богам их. И прилепился Израиль к Ваал-Фегору. И воспламенился гнев ГОСПОДЕНЬ на Израиля»*.

Здесь не говорится, что только мужчины блудодействовали с дочерьми Моава, а сказано, что это начал делать народ. Народ – это и мужчины, и женщины. Дочери Моава приглашали к себе народ Израильский, когда приносили жертвы своим богам. Тогда Израиль прилепился к Ваал-Фегору, деля пищу вместе с дочерьми Моава и кланяясь их богам. Это и называется блудодейством.

В Числах, 25:9, говорится: *«Умерших же от поражения было двадцать четыре тысячи»*. Но в отрывке из 1-го послания к Коринфянам говорится, что погибших было 23.000. Откуда же эта разница в тысячу человек?

В Ветхом Завете в общее число тех, кого настигла кара, включены и женщины-язычницы. Но в Новом Завете у Павла не было причин писать об этих язычницах, поэтому он упомянул только о погибших Израильтянах.

Прелюбодеяние может быть духовным, а может быть физическим. В 8-м стихе имеется в виду духовное прелюбодеяние. То, что мы любим больше Бога, является нашим идолом, и если мы, веруя в Бога, тем не менее поклоняемся идолам, то мы совершаем духовное прелюбодеяние. Поскольку физическое прелюбодеяние – грех, Павел приводит его в пример, чтобы объяснить суть духовного прелюбодеяния.

Например, мужья и жены должны относиться друг к другу с особой любовью. Если кто-то из них будет любить другого человека больше, чем собственного супруга, то это очевидное прелюбодеяние. И мы не можем говорить, что это не является прелюбодеянием потому, что они только думают о другом человеке и просто любят в сердце своем (От Матфея, 5:28).

Когда народ Израильский прилепился к Ваал-Фегору, ел вместе с язычницами и кланялся их богам, то это было очевидным поклонением другим богам и проявлением любви к ним. Бог назвал это блудодейством. Проклятие пало на них, и 23.000 человек из них умерло. Духовное прелюбодеяние является огромным грехом.

Разумеется, грехом является и физическое прелюбодеяние. Павел призывает не совершать аморальных поступков, будь то физическое или духовное прелюбодеяние, иначе Бог оставит их так же, как оставил тех людей.

> «Не станем искушать Христа, как некоторые из них искушали и погибли от змей. Не ропщите,

как некоторые из них роптали и погибли от истребителя» (10:9-10).

В пустыне было множество ядовитых змей, но они не кусали сынов Израилевых, потому что их защищал Бог. Но Бог вынужден был отвернуть от них Свое лицо, когда они начали роптать против Моисея и Бога. Тогда ядовитые змеи начали жалить их, и умерло много народа.

И народ обратился к Моисею. Моисей помолился Богу и сделал медного змея, выставив его на знамя, как повелел Бог. И каждый ужаленный, взглянув на него, оставался жив (Числа, глава 21-я).

В этом есть взаимосвязь с верой в то, что может сделать крест сегодня. Кто кается и смотрит на крест с верой, получает спасение. Не верующие же в услышанную ими Благую Весть не будут спасены. Как и в прошлом, тот, кто не посмотрел на змея, должен был умереть. Их ждала смерть за то, что они роптали против Бога.

В стихе 9-м говорится: «Не станем искушать Христа, как некоторые из них искушали и погибли от змей». Бог не прощает, когда народ ропщет и искушает Его.

В Числах, 14:2, мы читаем: *«И роптали на Моисея и Аарона все сыны Израилевы, и все общество сказало им: о, если бы мы умерли в земле Египетской или умерли бы в пустыне сей!»*

Относительно этого Бог сказал сынам Израилевым:

«В пустыне сей падут тела ваши, и все вы, исчисленные, сколько вас числом, от двадцати лет и выше, которые роптали на Меня, не войдете в землю, на которой Я, подъемля руку Мою, [клялся] поселить вас, кроме Халева, сына Иефонниина, и Иисуса, сына Навина; детей ваших, о которых вы говорили, что они достанутся в добычу [врагам], Я введу [туда], и они узнают землю, которую вы презрели, а ваши трупы падут в пустыне сей; а сыны ваши будут кочевать в пустыне сорок лет, и будут нести [наказание] за блудодейство ваше, доколе не погибнут все тела ваши в пустыне» (Числа, 14:29-33).

И далее, в стихах 36-м и 37-м, также говорится: *«И те, которых посылал Моисей для осмотрения земли, и которые, возвратившись, возмутили против него все сие общество, распуская худую молву о земле, сии, распустившие худую молву о земле, умерли, быв поражены пред ГОСПОДОМ».*

Бог не прощал сынам Израилевым не только тогда, когда люди возмущались против Него Самого, но и тогда, когда они роптали против Его служителя – Моисея. Бог назначил Моисея лидером народа, поэтому жалобы против него были равносильны жалобам против Самого Бога. Во многих местах Библии говорится о том, что ропот – это грех. Это все равно что испытывать Бога, а мы не должны ни возмущаться против Бога, ни испытывать Его таким образом.

> «Все это происходило с ними, [как] образы; а описано в наставление нам, достигшим последних веков. Посему, кто думает, что он стоит, берегись, чтобы не упасть» (10:11-12).

События, описанные в Ветхом Завете, могут быть подобием зеркала, смотрясь в которое, мы можем размышлять о себе. Из приведенного ранее отрывка следует, что Бог не прощает тех, кто ропщет или испытывает Его, поэтому мы не должны делать этого.

Бог не меняется никогда. Сегодня, как и в прошлом, те, кто совершают подобные грехи, не смогут получить прощения, и это относится не только к Ветхозаветным временам, но и к нынешним. Поэтому мы никогда не должны грешить подобным образом. Для этого Павел и говорит, что все, что происходило, «описано в наставление нам».

Сказано также: «Посему, кто думает, что он стоит, берегись, чтобы не упасть». В Ветхом Завете люди, которые думали, что они стояли, на самом деле роптали, жаловались и в своей надменности восставали против Бога. Обычно лидеры становятся причиной того, что люди ропщут и противятся Богу. Таким образом, те, кто думают, что они «стоят», в действительности просто высокомерны.

На самом деле, никто из нас не стоит. Мы начинаем обретать веру после того, как принимаем Иисуса Христа; достигнуть же уровня зрелости в вере – это для нас все равно что окончить институт. После окончания вуза мы вливаемся в общество и начинаем применять полученные знания.

Подобным же образом мы сможем сказать, что знаем волю Божью и все 66 книг Библии, только тогда, когда обретем полную меру веры. И только тогда мы сможем применять Слово Божье, живя в этом мире. Таким образом мы будем следовать воле Божьей и жить для Его славы.

Если мы достигнем этого уровня и будем все больше и больше познавать истину, то сумеем умалить себя и стать смиренными. Это произойдет потому, что мы осознаем, насколько малы наши познания. Поэтому, для того чтобы обрести сердце Господа, мы постоянно должны вооружать себя истиной, не считая, что мы стоим.

Бог дает облегчение при искушении

«Вас постигло искушение не иное, как человеческое; и верен Бог, Который не попустит вам быть искушаемыми сверх сил, но при искушении даст и облегчение, так чтобы вы могли перенести» (10:13).

У верующих нет причин искушаться и оступаться. Бог благ, и поэтому Он не дает нам испытания с целью осложнить нашу жизнь. Он допускает только такие тесты, которые мы можем преодолеть.

Есть два вида испытаний. Во-первых, это испытания, которые насылает на нас сатана, когда мы не живем по Слову Божьему или когда мы алчны. Такие испытания никак не связаны с Богом, и это не Он их посылает. В этом случае мы можем покаяться и отвратиться от греха, ставшего причиной этих испытаний.

Во-вторых, это испытания, данные Богом. Они

отличаются от испытаний, которые сатана приготовил для тех, кто наделен определенными формами зла. Испытания даются Богом, чтобы благословить нас. И благословения получит тот, кто выдержит эти испытания. Это похоже на то, как если бы нас приняли в учебное заведение только после сдачи вступительных экзаменов.

Подобным испытанием для Авраама было повеление принести в жертву сына, Исаака. Авраам не был смущен этим испытанием. Бог допустил это испытание, потому что знал, что Авраам благополучно пройдет его. Когда он прошел его с верой, Бог дал ему удивительные благословения, сказав при этом: «*...Я благословляя благословлю тебя и умножая умножу семя твое, как звезды небесные и как песок на берегу моря...*» (Бытие, 22:17).

Испытания, которые Бог дозволяет, предназначены для нашего же благословения и способствуют росту нашей веры. Мы возрастаем в духе, пребываем в истине и достигаем более высокого уровня освящения, любви и веры через подобные испытания. Если душа, пройдя эти испытания, будет преуспевать, Бог покажет Свою любовь и благословит нас. Вот почему мы должны благодарить за испытания.

Кто истинно верует, того испытания не смутят. Бог наделил нас способностью мыслить, интеллектом и сердцем, благодаря чему мы можем победить мир. А сомнения и отступления объясняются недостатком веры.

Верующие люди, боящиеся Бога и живущие по Слову Его, будут радоваться, молиться и воздавать благодарность, проходя испытания. Если они будут это делать, то испытания отступят. Бог содействует ко благу верующим во всем, и это является благословением для них.

«Убегайте идолослужения»

«Итак, возлюбленные мои, убегайте идолослужения. Я говорю [вам] как рассудительным; сами рассудите о том, что говорю» (10:14-15).

Обращение «возлюбленные» используется во многих местах Библии. Оно адресовано людям, которые пребывают в вере и истине, поэтому к ним можно так обратиться. В этом отрывке говорится: «Возлюбленные мои, убегайте идолослужения». Что же такое «идолослужение»?

В 1-м послании к Коринфянам, 10:7, сказано, что народ в то время, когда Моисей был на горе Синай, «сел есть и пить и встал играть» пред золотым тельцом. В 8-м стихе говорится о том, что люди поклонялись богам женщин Моава. В 9-м и 10-м стихах говорится о людях, которые погибли от змей из-за того, что роптали и искушали ГОСПОДА. Все эти поступки являются примером идолослужения.

Существует причина, по которой люди не до конца доверяют Богу. У них есть множество идолов, на которых они полагаются, и ими, в частности, являются их собственные знания, власть в обществе, слава или что-то еще, что они ставят выше Бога. Тем самым они восстают против Бога.

В приведенном выше отрывке сказано: «Я говорю [вам] как рассудительным». И здесь имеется в виду не мирская рассудительность, а мудрость, данная Богом. Знать Бога и понимать истину – это начало мудрости и знаний. В этом стихе рассудительность подразумевает именно мудрость познания Слова Божьего. Павел сказал, что он обращается к рассудительным, потому что они понимают Слово Божье.

Павел говорит: «...сами рассудите о том, что говорю». Но почему он это говорит, ведь в Библии сказано, что мы не должны судить? Павел имел в виду, что они должны рассудить в истине, так как они знают истину. Так что он обращается не просто к случайным людям, а к тем, кто обрел мудрость в Слове. Поэтому он и начинает предложение со слов «возлюбленные мои».

«Чаша благословения, которую благословляем, не есть ли приобщение Крови Христовой? Хлеб, который преломляем, не есть ли приобщение Тела Христова? Один хлеб, и мы многие одно тело; ибо все причащаемся от одного хлеба. Посмотрите на

Израиля по плоти: те, которые едят жертвы, не участники ли жертвенника?» (10:16-18)

Мы приобщаемся к Телу и Крови Христовой, принимая хлеб и вино во время Хлебопреломления. Почему вкушать Тело и пить Кровь Иисуса – это такое благословение для нас? Потому что это приносит нам жизнь и направляет нас на путь к жизни вечной.

Во время Хлебопреломления мы едим «один хлеб». Потому что есть только один Иисус. Истина только одна, и это не что иное, как 66 книг Библии.

Тот, кто принимает истину, будет иметь истину в сердце и обретет сердце Иисуса. Сердце каждого может биться в унисон с истиной, несмотря на пол и возраст. И таким образом мы все сможем стать одним хлебом. Мы – одно тело и одно сердце. Вот почему сказано: «...ибо все причащаемся от одного хлеба».

В 18-м стихе говорится: «Посмотрите на Израиля по плоти: те, которые едят жертвы, не участники ли жертвенника?»

Говоря об Израиле, следует отметить, что есть те, кто родились по плоти, а есть рожденные верой от Духа. Есть люди, которые родились, как обещано, от семени Исаака по вере, тогда как некоторые другие рождены от семени обетования, но по плоти.

Слова «Израиль по плоти» относятся к тем, чья вера

проявляется только во внешних действиях. В Ветхом Завете человек не считался грешником, если на деле он не совершал таких грехов, как воровство, прелюбодеяние или убийство, хотя его полностью развращенное сердце было исполнено лукавства и ненависти.

Израиль по вере указывает на тех, кто обрезает свои сердца, чтобы сделать их святыми. Они становятся освященными и совершают дела во свете и истине. Но есть и другие, кто, дружа с миром, не отвращаются от грехов и не следуют Слову Божьему. Они просто «ходоки в церковь». Таких людей называют «Израиль по плоти».

Во второй половине 18-го стиха говорится, что «те, которые едят жертвы, не участники ли жертвенника?»

В Библии грехи делятся на «плотские помышления» и «дела плоти». Плотские помышления – это греховная природа в сердце человека, в то время как дела плоти – это греховные поступки. Все грехи могут быть отнесены к «жертвоприношению идолам». Израиль по плоти представляет тех, кто все еще ест принесенное в жертву идолам, участвуя в жертвеннике. То есть и сегодня есть немало людей, которые ходят в церковь и все равно грешат.

«Что же я говорю? То ли, что идол есть что-нибудь или идоложертвенное значит что-нибудь? [Нет], но что язычники, принося жертвы, приносят бесам, а не Богу. Но я не хочу, чтобы вы были в общении с бесами. Не можете пить чашу Господню и чашу бесовскую; не можете быть участниками в трапезе Господней и в трапезе бесовской» (10:19-21).

В аллегорической форме апостол Павел под водительством Святого Духа объясняет, что такое «идолы» и что значит приносить жертвы идолам.

Под язычниками подразумеваются неверующие. Они приносят жертвы бесам. Так как они полагают, что бесами становятся их предки, они и поклоняются этим бесам. На самом же деле они поклоняются не своим предкам-бесам.

В таком случае, где же находятся все наши предки? Верующие в Иисуса Христа идут в Рай (От Луки, 23:43), а неверующие заперты в Нижней могиле (От Луки, 16:23). Так что, если даже люди поклоняются своим предкам и стараются принести им в жертву что-то хорошее, их ушедшие родственники не могут принять этих даров. Их поклонение принимают бесы. Те, кто умирают без покаяния и оказываются в Нижней могиле. При определенных обстоятельствах, некоторых из них намеренно отбирают для того, чтобы они возвратились на эту землю в качестве бесов.

Поклоняться бесам – значит быть их сообщниками. Если мы склоняемся перед родителями, то тем самым мы показываем им свое уважение, и они понимают наше сердце. Такие дружелюбные отношения возникают благодаря единству сердец. Поклоняться бесам также означает иметь дружеское общение с ними. Поэтому Павел говорит, что он не хочет, чтобы они были в общении с бесами.

В 21-м стихе говорится: «Не можете пить чашу Господню и чашу бесовскую; не можете быть участниками в трапезе Господней и в трапезе бесовской».

Человек не может двигаться в двух разных направлениях одновременно. Он выбирает, куда ему идти, – в Сеул или в Пусан. Точно так же мы не можем стоять на пути, который ведет нас к погибели, и в то же время двигаться по направлению к вечной жизни.

Таким образом, никто не должен находить себе оправдание, говоря: «У меня слабая вера, и я ничего не могу поделать с этим. Я пью из чаши Господней, поклоняясь Богу в церкви, но я также должен кланяться идолам, потому что меня заставляют родители». Такого не должно быть никогда. И это доказывает, что в человеке вовсе нет веры.

Так как верующие называют Бога Отцом, им не следует одновременно радовать сатану своими греховными поступками, дружбой с миром и беззакониями. Им придется выбрать один из двух путей: жить в истине или жить в грехах. Павел подчеркивает это на жизненном примере, сопоставляя чашу бесовскую и трапезу бесовскую с чашей и трапезой Господней.

«Неужели мы [решимся] раздражать Господа? Разве мы сильнее Его?» (10:22)

Разве есть тот, кто сильнее Господа? Тот, кто чуть что жалуется на Бога, кто говорит, что хочет уйти из церкви, кто испытывает церковь, ведет себя так, будто бы он сильнее Господа. И как только мы осмеливаемся думать, что мы сильнее Господа, и провоцировать Его раздражение?

Мы никогда не скажем, что мы сильнее Господа, если действительно верим в Господа, Который жив и работает в нашей жизни. Наше эго, собственное «я», будет полностью разрушено, и мы скажем: «Я силен силой Господа, данной мне. Я ничего не могу сделать без Господа». И мы будем умирать каждый день, как это делал Павел.

Кто преклоняет колени перед Господом и всецело верит в Него, тот будет любить Его, служить братьям по вере и жить в мире с ними согласно Слову Божьему. Они не станут дружить с миром, жить в грехе и неправде, которые ненавистны Господу, они избавятся от всех форм зла. В частности, откажутся от участия в поклонении идолам, не будут есть идоложертвенного и общаться с бесами.

Это сатана заставляет людей совершать грехи. Если мы едим принесенное в жертву идолам, грешим и живем в неправде, то это означает, что мы общаемся с сатаной, повинуясь ему. Люди, которые это делают, не боятся Бога. Это люди, в которых нет благоговейного страха Божьего. Они испытывают Его и ропщут против Него. Поэтому и возникает вопрос: разве мы сильнее Господа?

Буквальное значение идолопоклонства

«Все мне позволительно, но не все полезно; все мне позволительно, но не все назидает» (10:23).

Бог не создавал людей для того, чтобы они, как ангелы, лишь безоговорочно повиновались. Бог дал людям свободу выбирать по своему усмотрению. И затем Бог предупредил их, что они или умрут, если съедят плод с дерева познания добра и зла, или будут жить с Богом вечно, если не вкусят плода от этого дерева.

Нам все позволено, и мы можем делать либо то, либо другое. Но то, что мы выбираем, полезно для нас только тогда, когда мы следуем воле Божьей. Если мы не живем в истине, то это означает, что мы идем по пути к своей погибели, по пути разрушения.

И хотя мы можем делать все, не все позволительно нам. Например, мы не можем открыто славить Бога, смеяться и шумно радоваться на похоронах, потому что в нас есть вера.

А нам следует утешить членов семьи умершего, как это и подобает случаю.

Если умирает кто-то в семье верующих, то хорошо петь песни с надеждой на встречу с умершим в Царстве Небесном. Но если в семье есть неверующие и им это не нравится, то это тоже нужно учесть. Это лишь один из многих примеров; и во многих других сферах тоже все позволительно, но не все назидает.

> **«Никто не ищи своего, но каждый [пользы] другого. Все, что продается на торгу, ешьте без всякого исследования, для [спокойствия] совести; ибо Господня земля и что наполняет ее. Если кто из неверных позовет вас, и вы захотите пойти, то все, предлагаемое вам, ешьте без всякого исследования, для [спокойствия] совести» (10:24-27).**

В 13-й главе, Главе о любви, 1-го послания к Коринфянам, говорится, что любовь «не ищет своего». Это духовная любовь. Любовь же мирская – это эгоистичная, плотская любовь.

Мы можем обрести Богом данную духовную любовь только тогда, когда разрушим свое эго и проявим готовность к самопожертвованию ради других. Мы будем всегда радоваться, если отбросим плотскую любовь и обретем духовную любовь. Павел говорит, что мы должны заботиться об интересах других, относясь к ним именно с такой любовью.

И сказано, что «все, что продается на торгу, ешьте без всякого исследования, для [спокойствия] совести». В этом отрывке Павел, в действительности, говорит об идоложертвенном. Тут есть связь с 23-м стихом, в котором говорится: «Все мне позволительно».

Покупая что-либо на рынке, станем ли мы спрашивать у продавца: «А вы поклоняетесь идолам?» А что, если он скажет «да», мы развернемся и уйдем? Нет, нам не следует так поступать. А когда мы в роли продавца, нам что же, спрашивать у покупателя, не поклоняется ли он идолам, решая, стоит ли нам продавать ему что-то или нет? Мы не должны делать подобные вещи. У нас нет оснований спрашивать их, поклоняются они идолам или нет. Мы можем просто продавать и покупать, не задаваясь подобными вопросами.

Точно так же и когда мы едим, нам не нужно задаваться вопросом: «А это, случайно, не идоложертвенное?» Все во вселенной принадлежит Богу. Поэтому мы можем есть, ни о чем не спрашивая.

Или же, предположим, что неверующий пригласил вас на ужин. В этом случае, как сказал Павел, мы не должны спрашивать у хозяина: не приготовил ли он еду из продуктов, принесенных в жертву идолам? Нам должно есть ее с верой, потому что все принадлежит Богу, и, в частности, та еда, которую вам подали, тоже дана Богом. Но существует и то, что употреблять в пищу не стоит. Об этом говорится в следующих стихах:

> «Но если кто скажет вам: „это идоложертвенное", – то не ешьте ради того, кто объявил вам, и ради совести. Ибо Господня земля и что наполняет ее. Совесть же разумею не свою, а другого: ибо для чего моей свободе быть судимой чужою совестью? Если я с благодарением принимаю [пищу], то для чего порицать меня за то, за что я благодарю?» (10:28-30)

Неверующий может подумать: «Я слышал, что верующие не едят идоложертвенного, и так как этот человек верующий, то я, вероятно, не должен подавать ему пищу, пожертвованную идолам». И если он говорит верующему, что еда была пожертвована идолам, то верующий не должен есть ее. Конечно же она была дана Богом, но ее принесли в жертву бесам. В этом случае мы не должны употреблять продукты, зная, что они были пожертвованы идолам.

Если мы будем есть их, то неверующий может осудить нас, полагая, что мы не являемся благочестивыми верующими. Он судит о нас по стандартам своей совести, и наше согласие может опорочить Бога.

Когда неверующий дает нам знать, что еда приготовлена из идоложертвенного, он предполагает, что мы не должны употреблять ее. Именно ради этого человека нам и не следует ее есть. Зная, что продукты были пожертвованы идолам, мы точно не должны принимать их в пищу.

Если мы все же будем есть, зная, что еда была принесена в жертву идолам, то совесть того, кто оповестил нас об этом, будет нас порицать.

В нас есть вера, и мы можем свободно есть все, но мы не должны пользоваться своей свободой, вызывая осуждение по отношению к себе; нам нужно заботиться не о собственных интересах, а об интересах других.

В Евангелии от Матфея, 5:39-41, говорится: *«А Я говорю вам: не противься злу. Но кто ударит тебя в правую щеку твою, обрати к нему и другую; и кто захочет судиться с тобою и взять у тебя рубашку, отдай ему и верхнюю одежду; и кто принудит тебя идти с ним одно поприще, иди с ним два».* Если даже нам не нравится человек, а он заставляет пройти с ним одно поприще, мы должны пройти с ним два.

Этим можно попытаться коснуться сердца этого человека и спасти его. Из этих же соображений нам не следует есть поданную еду, когда нас предупредили, что она приготовлена из идоложертвенного.

Слова «с благодарением принимать пищу» означают действовать в истине «ради совести». Но когда кто-то информирует нас о том, что пища была принесена в жертву идолам, а мы все же едим ее, считая, что если делать это с верой, то это нормально, тогда этот кто-то может осудить нас, сказав, что мы не соблюдаем Закон Божий.

Поэтому в таких случаях мы должны отказываться от употребления идоложертвенной пищи ради тех, кто слаб в вере или вовсе не имеет веры. Это неправильно – принимать пищу с благодарением, вызывая порицание других.

Делайте все во славу Божью

«Итак, едите ли, пьете ли или иное что делаете, все делайте в славу Божию» (10:31).

Допустим, мы оказались в ситуации, когда наши родители хотят, чтобы мы поклонились идолам. В этом случае мы не должны кланяться, оправдываясь тем, что не хочется огорчать своих родителей. Вероятно, вам нужно поговорить с ними и предупредить их заранее, что вы не будете кланяться идолам.

Предположим, что еда для всей семьи приготовлена из идоложертвенных продуктов. Если вы в такой ситуации скажете: «Я не буду есть ничего из того, что было пожертвовано идолам. Дайте мне что-нибудь другое», то это, вероятно, расстроит родителей. И поскольку мир в семье нарушится, то трудно будет проповедовать им Евангелие.

Таким образом, есть идоложертвенное в целях

евангелизации своей семьи можно, ведь все эти продукты даны были Богом. Итак, едим ли мы, пьем ли мы или делаем что-то иное, мы все должны делать во славу Божью, не преследуя собственных интересов.

> «Не подавайте соблазна ни Иудеям, ни Еллинам, ни церкви Божией, так, как и я угождаю всем во всем, ища не своей пользы, но [пользы] многих, чтобы они спаслись» (10:32-33).

Здесь под «Иудеями» подразумеваются верующие, а под «Еллинами» – неверующие. Апостол Павел не искал своего. Он сказал, что ему все позволено, но ради других он вовек не стал бы есть мяса. Он не жил для себя. Он был обрезан, но ради тех, кто не был обрезан, стал как один из необрезанных.

Он делал все ради единственной цели – спасти души и воздать славу Богу. Нам также следует, не заботясь о своих интересах и не стремясь к собственной выгоде, делать все для славы Божьей и спасения душ.

Глава 11

Относительно духовного порядка

— Будьте подражателями мне
— Относительно духовного порядка
— Женщины не должны покрывать головы
— От чего возникают споры и раздоры
— Истинный смысл Святого Причастия

Будьте подражателями мне

«Будьте подражателями мне, как я Христу. Хвалю вас, братия, что вы все мое помните и держите предания так, как я передал вам» (11:1-2).

Так же как Иисус Христос повиновался Богу до самой смерти, апостол Павел до самой смерти повиновался Господу. Его сердце, его поступки и воля, как у Иисуса Христа, были полностью подчинены истине.

В Евангелии от Иоанна, 14:15, Иисус говорит: *«Если любите Меня, соблюдите Мои заповеди»*. И Павел также уверенно говорит: «Будьте подражателями мне», потому что он уподобился Иисусу Христу. Так как Павел говорил и поступал в истине, то быть похожим на него означало, в той или иной степени, быть похожим на Господа и Бога.

Но не все пасторы могут сказать членам своей церкви: «Будьте подражателями мне» только потому, что так сказал апостол Павел. Если кто-то призывает других быть, как он, а у самого при этом нет таких же качеств, как у Бога, и он не подчиняется Богу полностью, то это – гордыня.

Но если у человека сердце Господа и он полностью живет по воле Божьей, подобно апостолу Павлу, то у него есть право наставлять других, призывая их, в частности, стать его подражателями.

Апостол Павел, ел ли он, пил ли он или делал что-то иное, жил только для славы Божьей. Что для него было преимуществом, то ради Иисуса Христа он почел тщетою. Он радовался и благодарил, когда его били и гнали. Он был послушен воле Божьей, даже если это означало, что ему придется претерпеть страдания и преследования, и даже если в пути его поджидала смерть.

Он мог идти по избранному им пути с радостью, потому что у него была надежда на Царство Небесное. Если в нас есть вера, то мы однозначно должны брать пример с апостола Павла, подражая его сердцу, характеру и поступкам.

Во втором стихе говорится, что «вы все мое помните». Что именно члены Коринфской церкви помнили о Павле?

Во время своих миссионерских поездок Павел основывал церкви, проповедовал о Воскресении Господа и крестном пути. Он также распространял Благую Весть через свои послания. Члены Коринфской церкви считали его слово Словом Божьим и исполняли его.

Они все видели, как Павел молился и учил. Они помнили истину, которую он передал им, и хранили ее для себя.

Апостол Павел проповедовал только Евангелие Иисуса Христа. Он передавал только Божью волю и заповеди Его. Он учил им членов церкви в Коринфе много раз, говорил им о том, что воля Божья для нас – это радоваться, благодарить, молиться, избавляться от неправды, хранить мир и делать добро. Сказав это, Павел похвалил верующих Коринфской церкви за то, что они следовали его наставлениям.

Относительно духовного порядка

«Хочу также, чтобы вы знали, что всякому мужу глава – Христос, жене глава – муж, а Христу глава – Бог. Всякий муж, молящийся или пророчествующий с покрытою головою, постыжает свою голову. И всякая жена, молящаяся или пророчествующая с открытою головою, постыжает свою голову, ибо [это] то же, как если бы она была обритая. Ибо если жена не хочет покрываться, то пусть и стрижется; а если жене стыдно быть остриженной или обритой, пусть покрывается. Итак, муж не должен покрывать голову, потому что он есть образ и слава Божия; а жена есть слава мужа» (11:3-7).

Павел похвалил верующих Коринфа за то, что они следовали его наставлениям, но вновь напомнил им о духовном порядке, ибо они не соблюдали его.

Главою женщины является мужчина, главою мужчины – Христос, а Христу глава – Бог. Следовательно, во-первых, Бог; во-вторых, Христос; в-третьих, мужчины и, в-четвертых, женщины. Таков порядок, о котором говорит Бог.

Но если обращать внимание только на буквальный смысл этого стиха, то понять его трудно: «Всякий муж, молящийся или пророчествующий с покрытою головою, постыжает свою голову. И всякая жена, молящаяся или пророчествующая с открытою головою, постыжает свою голову, ибо [это] то же, как если бы она была обритая».

Итак, должны ли женщины покрывать свои головы согласно этому стиху? Конечно же женщины в римско-католических церквях покрывают свои головы во время мессы. Они это делают, потому что следуют буквальному смыслу этого стиха. Но мы должны понимать его духовное значение и придерживаться его.

Почему мужчины не могут покрывать свои головы?

В приведенном выше отрывке из Писания говорится: «Всякому мужу глава – Христос, жене глава – муж, а Христу глава – Бог».

У слова «глава» есть несколько значений. Среди них – «идти впереди; быть лидером», «самая верхняя часть; купол», «старший по положению». Под словами «жене глава – муж» имелось в виду, что мужчины первенствуют, занимают главенствующее положение, имеют власть над женщинами.

Чтобы в семье был мир, жена должна повиноваться мужу в истине. На работе мы подчиняемся руководителям. Но человек не должен проявлять высокомерие только потому, что он старше по возрасту или по положению. Чем выше положение, тем более мы должны быть смиренными и тем больше служить другим.

Так почему же покрытая голова мужчины бесчестит Христа?

В 7-м стихе говорится, что мужчина есть образ и слава Божья. Бог сотворил людей. Он создал мужчину, а затем Он создал женщину. На этой земле мужчина должен быть образом Христа. В духовном смысле, глава – Бог и Христос, а в физическом мире, на земле, Бог предназначил мужчине быть на месте Христа.

Покрытая голова означает, что человек чем-то ограничен, чем-то скован. Поэтому было бы неправильно чем-то ограничить мужчину, который находится на месте Христа. Это значит, что никто не может ограничить Иисуса Христа. Следовательно, если у мужчины покрыта голова, то это постыжает Христа.

Каков духовный смысл покрытой головы у женщин?

В 5-м стихе говорится: «И всякая жена, молящаяся или

пророчествующая с открытою головою, постыжает свою голову, ибо [это] то же, как если бы она была обритая».

Когда женщины покрывают свои головы, то это показывает, что у них есть на земле хозяин. Это является выражением покорности и уважения.

Кто является главою женщин? Мужчины. Таким образом, если женщины не покрывают свою голову, то это означает, что они не хотят, чтобы мужчины их ограничивали, и что они, никого не признавая над собой, желают быть сами себе и главою, и хозяйкой. Это – проявление высокомерия и неповиновения Слову Божьему, этим они бесчестят мужчину, который предназначен быть главою.

Женщины должны «покрывать головы», и это означает, что они будут повиноваться и служить. Не покрывать голову – это так же стыдно, как ходить с обритой головой. Однако не подумайте, что вы теперь должны надевать шляпу во время молитвы. Мы должны понимать духовное значение, заключенное в этих словах.

«Ибо не муж от жены, но жена от мужа; и не муж создан для жены, но жена для мужа. Посему жена и должна иметь на голове своей [знак] власти [над нею], для Ангелов» (11:8-10).

В Книге Бытия, во 2-й главе, объясняется, почему Бог сотворил женщину и как женщина произошла от мужчины.

Взяв одно из ребер Адама, Бог создал ее в качестве соответствующей ему помощницы. Вот почему женщина является славой мужчины. В приведенном выше отрывке объясняется также, почему женщина должна подчиняться мужчине. Потому что женщина создана ради мужчины.

И, далее, что означает фраза: «Посему жена и должна иметь на голове своей [знак] власти [над нею], для Ангелов»?

Слова «иметь на голове своей знак власти над нею» означают, что женщины должны покрывать свою голову. Ангелы – это духи, созданные Богом. И здесь, говоря «для Ангелов», имеется в виду то, что мы должны признать порядок духовного мира.

В Послании к Евреям, 1:14, говорится: *«Не все ли они суть служебные духи, посылаемые на служение для тех, которые имеют наследовать спасение?»* Таковы закон и порядок духовного мира. Бог Своей властью послал Своих ангелов служить верующим и защищать их.

Есть ангелы, которые служат нам на этой земле, и, как сказано в Евангелии от Матфея, 18:10, есть ангелы на Небесах, которые ведут запись о нас. В Книге Откровения также говорится об ангелах, которые поднимают наши молитвы на Небеса (Откровение, 8:3). В соответствии со своим предназначением, ангелы покоряются закону и порядку духовного мира.

Бог сотворил ангелов прежде, чем Он сотворил людей.

Так что ангелы видели, как Бог создавал женщину, взяв одно из ребер Адама, и женщина та была создана ради мужчины. Поэтому женщина должна служить и подчиняться мужчине, а если она этого не делает, то как же ангелы могут служить ей?

Предположим, что человек работает в качестве охранника в компании, президентом которой является его сын. Он может называть его сыном дома, а на рабочем месте он обязан оказывать ему должное уважение – как президенту компании. В противном случае в этой компании не будет соблюдаться иерархия.

Аналогично этому, и женщинам следует подчиняться мужчине, как своей главе, и они должны покрывать свои головы, что является признанием того, что над ними есть определенная власть.

> «Впрочем, ни муж без жены, ни жена без мужа, в Господе. Ибо как жена от мужа, так и муж через жену; все же – от Бога» (11:11-12).

Начиная с первого человека, Адама, ни женщина не была независимой от мужчины, ни мужчина не был независим от женщины. Бог сотворил Адама и Еву и, чтобы они плодились и размножались, дал им сперму и яйцеклетку. Поэтому изначально все исходит от Бога.

Это означает, что мужчина и женщина равны в Господе. Согласно духовному закону и порядку, женщина должна подчиняться мужчине. А подчиняться согласно порядку означает утешать и любить друг друга. Это не значит, что мужчина может командовать, руководить или принуждать к чему-то женщину.

Женщина изначально взята из мужчины, но ведь и мужчина рождается на этот свет через женщину. Таким образом, все равны, и женщина должна подчиняться мужчине в Господе; им следует любить друг друга и быть в единстве, зная волю Божью.

Женщины не должны покрывать головы

«Рассудите сами, прилично ли жене молиться Богу с непокрытою [головою?] Не сама ли природа учит вас, что если муж растит волосы, то это бесчестье для него, но если жена растит волосы, для нее это честь, так как волосы даны ей вместо покрывала?» (11:13-15)

В буквальном смысле, женщина должна покрывать голову в знак того, что над ней властвует мужчина, и молиться с непокрытой головой – неправильно. Но с другой стороны, если у мужчины длинные волосы, то совесть должна подсказать ему, что это стыдно. Позор для мужчины – вести себя, как женщина.

То же относится и к женщинам. Если они одеваются, как мужчины, ведут себя, как мужчины, то им следует стыдиться. Мужчина есть образ и слава Божья на этой земле, поэтому он не доложен покрывать свою голову. Так что, его длинные волосы бесчестят Бога.

Кроме того, если мужчина, который знает Бога и знает закон духовного мира, пренебрегает установленным порядком вещей, то ему должно быть стыдно за себя. Если он идет против порядка, то это показывает его высокомерие.

В 15-м стихе говорится: «Но если жена растит волосы, для нее это честь, так как волосы даны ей вместо покрывала». Духовный смысл этого в том, что женщины не должны покрывать свои головы. Так почему же в духовном понимании нет необходимости в том, чтобы покрывать голову?

Если вы будете толковать это буквально, то женщины должны носить шляпу вместо длинных волос. Но в духовном смысле они не должны надевать ее, потому что Святой Дух дает нам Свое водительство в истине. То есть Святой Дух направляет и меняет наши сердца, чтобы соблюсти порядок всех вещей. Мужчин Он учит делать то, что должны делать мужчины, а женщин – то, что пристало делать женщинам.

Женщины учатся исполнять обязанности жены по мере того, как они с помощью Святого Духа узнают истину. То есть они, благодаря водительству Святого Духа, соблюдают порядок вещей, даже если они не покрывают голову.

Конечно же это не означает, что у женщин обязательно должны быть длинные волосы. В физическом плане, они должны просто выглядеть аккуратно.

В Послании к Колоссянам, 3:18, говорится: *«Жены, повинуйтесь мужьям своим, как прилично в Господе»*. Здесь сказано, что они должны повиноваться своим мужьям в Господе, но не вне Господа. Что имеется в виду под повиновением «в Господе»?

Если муж просит свою жену не посещать церковь по воскресеньям или совершить грех, она не должна его слушаться. Потому что это будет уже не от Господа. Жены, в первую очередь, должны соблюдать Слово Господа, у Которого больше власти, чем у их мужей.

Но если муж просит жену не посещать пятничное всенощное служение, она может послушаться своего мужа. Пятница отличается от воскресенья. Бог повелел нам хранить День Господень, но он не заповедовал нам посещать пятничные всенощные служения. Если муж не разрешает жене идти, ей нужно проявить благоразумие. Она должна достичь согласия с мужем, служа ему с мудростью. Это означает повиноваться мужьям в Господе.

Кроме того, мужья не должны требовать, чтобы жены подчинялись им. В Послании к Колоссянам, 3:19, говорится: *«Мужья, любите своих жен и не будьте к ним суровы»*. Мужья должны любить своих жен, как свое тело. Любить – значит жертвовать собой во благо другого. Муж никогда не должен огорчать свою жену.

От чего возникают споры и раздоры

«А если бы кто захотел спорить, то мы не имеем такого обычая, ни церкви Божии» (11:16).

В церкви должны быть только мир, порядок и послушание. В церкви не должно быть никаких споров или раздоров на тему о том, кто прав, а кто виноват. Споры могут быть в миру, но не в церкви.

В Ветхом Завете не было другого пути, кроме как послушания заповедям Божьим. Бог – благ, праведен и свят. Так как зло, в какой бы то ни было форме, чуждо Богу, Он желает дать нам только хорошее; и действительно, нет никакого иного пути, кроме как верить и повиноваться Ему. Это воля Божья, чтобы мы повиновались друг другу в истине. Но если верующие спорят друг с другом, доверяя только себе и настаивая только на собственном мнении, уверенные при этом, что правильно только так, а не иначе, то это дает импульс начать действовать сатане. Итак, как возникают споры между верующими?

Во-первых, потому что они не могут себя контролировать. В Послании к Галатам, 5:17, говорится: *«Ибо плоть желает противного духу, а дух – противного плоти: они друг другу противятся, так что вы не то делаете, что хотели бы».*

Те, кто обрели Девять плодов Святого Духа, не спорят друг с другом. Они не смогут сделать этого, потому что обрели полноту любви, радости, мира, долготерпения и другие плоды благости. Те же, у кого нет этих плодов Святого Духа, так и будут подчиняться желаниям плоти. Они не смогут контролировать себя, и это приведет в раздорам и спорам.

Во-вторых, раздоры возникают, потому что люди не могут избавиться от обид. В Послании к Галатам, 5:24, говорится: *«Но те, которые Христовы, распяли плоть со страстями и похотями».* Бог велит нам не испытывать враждебности. В Книге Иова мы видим, что друзья Иова испытывали к нему неприязненные чувства, из-за чего споры продолжались и продолжались. Бог был недоволен ими и повелел им покаяться.

В-третьих, люди спорят из-за идей, которые разнятся, и конфликтуют с их собственными идеями. А им следовало бы подчиниться порядку, когда что-то не согласуется с их представлениями. Как говорится: «Если поваров слишком много, то они испортят блюдо». Мы не должны настаивать на собственном мнении только потому, что чьи-то идеи отличаются от наших. Считая свое мнение правильным, мы можем высказать его пару раз, но если другие не хотят его слушать, то лучше найти согласие в соответствии с порядком.

Даже Иисус иногда просто уходил, когда некоторые люди пытались спорить с Ним. Библия говорит, что Он не воспрекословит и никто не услышит на улицах голоса Его. Должно быть, было очень много людей, которые, в глазах Иисуса, поступали неверно. Но Он не спорил. В Евангелии от Матфея, 7:6, сказано: *«Не давайте святыни псам и не бросайте жемчуга вашего перед свиньями…»*. Как говорится, мы можем давать истину только тем, кто ее принимает. Если же не принимают, то мы не должны стараться дать ее им. И тогда не будет никаких разногласий и раздоров.

В 1-м послании к Тимофею, 6:3-5, записано: *«Кто учит иному и не следует здравым словам Господа нашего Иисуса Христа и учению о благочестии, тот горд, ничего не знает, но заражен [страстью] к состязаниям и словопрениям, от которых происходят зависть, распри, злоречия, лукавые подозрения. Пустые споры между людьми поврежденного ума, чуждыми истины, которые думают, будто благочестие служит для прибытка. Удаляйся от таких»*.

Только подумайте о том, как мы вели себя до того, как приняли Господа. Мы не жили согласно Слову Божьему, были надменными людьми, которые не придерживались учения о благочестии в наших сердцах. Мы ничего не знали, но делали вид, что знаем все, и любили споры и состязания.

Те, кто не следуют истине, думают, что они всеведущие, и любят ссориться. Такие люди полагают, что остальные не разбираются в сути вещей, но Бог говорит, что они высокомерны.

Если кто-то делает что-то против истины, мы можем вразумить и научить его, но нам не нужно спорить с ним. Если он продолжает идти против истины, несмотря на наш совет, то мы можем просто отдать эту ситуацию в руки Божьи. Нам не следует нарушать порядок вещей, споря и пререкаясь.

«Но, предлагая сие, не хвалю [вас], что вы собираетесь не на лучшее, а на худшее» (11:17).

В Послании к Евреям, 10:25, говорится: *«Не будем оставлять собрания своего, как есть у некоторых обычай; но будем увещевать [друг друга], и тем более, чем более усматриваете приближение дня оного».*

Но если мы собираемся и спорим, то это становится сатанинским сборищем. От споров нет никакой пользы. От них Царству Божьему только вред. Предположим, что десять человек спорили в течение трех часов; в этом случае впустую потрачено 30 человеко-часов. Если нижестоящие работники будут спорить о правилах и распорядке с вышестоящими руководителями, то они не просто потеряют время, но и не смогут обрести Царства Божьего.

Мы не должны спорить ни при каких обстоятельствах, и нам следует завершать собрания как можно быстрее. Мы должны потратить оставшееся время во благо Царства Божьего. Но члены Коринфской церкви не делали этого. Павел говорит, что от этого не было пользы, от этого был один только вред.

> **«Ибо, во-первых, слышу, что, когда вы собираетесь в церковь, между вами бывают разделения, чему отчасти и верю. Ибо надлежит быть и разномыслиям между вами, дабы открылись между вами искусные» (11:18-19).**

Разделения возникают, когда люди из разных группировок спорят друг с другом. И на сегодняшний день во многих церквях есть группировки.

Павел говорит, что слышал о том, что в Коринфской церкви есть разделение, чему он верил отчасти. Он не то чтобы перепроверял себя, но просто, услышав, что есть разделения, не мог полностью в это поверить.

Тот, кто сообщил ему об этом, мог ошибиться, или же сказанное могло быть неправдой. И еще: мы не можем представить себе полную картину, выслушав только одну сторону. Павел думал, что между ними было разделение, но не был полностью в этом уверен. Поэтому он сказал, что верит этому «отчасти».

В 19-м стихе говорится: «Ибо надлежит быть и разномыслиям между вами, дабы открылись между вами искусные». «Разномыслия» возникают между людьми с непохожими взглядами, из-за которых они и формируют отдельные группировки внутри большой группы.

Но Павел говорит, что благодаря разномыслию можно отличить правильное от неправильного. Однако это не означает, что Павел призывает к разделению. Он лишь имел в виду, что в итоге, после всех споров, выявится, кто был по-настоящему прав среди разделившихся на группы. Допустим, что двое яростно спорят друг с другом. Третий человек, сторонний наблюдатель, может увидеть, кто из них двоих прав. Но поскольку они ссорятся друг с другом, то никто из них не поступает достойно и согласно Слову Божьему.

Допустим, один из двух оппонентов, вступивших в дискуссии, предпочел выдержать паузу, в то время как другой человек продолжил спорить и настаивать на своей правоте. Кто в этом случае прав? Пока между ними не произойдет разделения, люди не смогут понять, кто в действительности любит Бога и верит в Него.

Через ссоры и поступки каждой из сторон мы сможем обнаружить, что те, кто предпочли промолчать, больше любят Бога и стараются жить в истине, чем те, кто продолжают спорить.

Проявлением мудрости с нашей стороны будет применять истину, живя в этом мире. Конечно же неверующие не живут в истине. Но по их словам и поступкам мы можем до некоторой степени проследить, насколько близки они к истине, насколько они добры и честны.

Предположим, что сотрудник вашей собственной компании, ваш подчиненный, время от времени лжет вам. Даже если он, делая что-то в данный момент, и не обманывает, потенциально он способен на обман и предательство. Поэтому вы не сможете доверить ему важную работу. Если вы будете учитывать все эти нюансы, то, управляя трудовым коллективом, вы не столкнетесь с серьезными проблемами.

Истинный смысл Святого Причастия

«Далее, вы собираетесь [так, что это] не значит вкушать вечерю Господню; ибо всякий поспешает прежде [других] есть свою пищу, [так что] иной бывает голоден, а иной упивается» (11:20-21).

Верующие Ранних церквей преломляли хлеб и участвовали в вечере Господней. Почему Господь заповедовал нам совершать Хлебопреломление?

Хлеб, который мы принимаем, символизирует тело Господне, а вино – Его Кровь. Когда Иисус был распят, чтобы спасти нас от грехов, Он пролил всю воду и кровь из тела Своего. Он повелел нам совершать Святое Причастие, чтобы мы помнили Его любовь и благодать и жили в соответствии с Его волей.

Он имел в виду примерно следующее: «Когда бы вы ни ели и ни пили, участвуя в Святом Причастии, знайте, что Я отдал Свою Плоть и Кровь за вас, чтобы вы могли жить по

Слову Божьему и проповедовать Евангелие».

Сегодня мы едим общий хлеб и пьем общее вино во время Святого Причастия. Но те верующие приносили свой собственный хлеб, мясо и вино и ели столько, сколько им хотелось. Их прием пищи не был актом благочестия. Некоторые из них начинали есть раньше других, потому что были голодны. У богатых людей были свои отдельные столы, и они ели, деля пищу между собой.

Из-за этого неизбежно возникали конфликты и были разделения между богатыми и бедными. Разве Господь заповедовал нам участвовать в Святом Причастии, чтобы порождать раздоры и разномыслие? Подобные собрания вовсе не были достойными в очах Божьих, потому что богатые на этих собраниях наедались, а бедные оставались голодными.

«Разве у вас нет домов на то, чтобы есть и пить? Или пренебрегаете церковь Божию и унижаете неимущих? Что сказать вам? похвалить ли вас за это? Не похвалю» (11:22).

Для Святого Причастия должно быть отведено специальное время. Но в Коринфской церкви было по-другому. Люди просто ели и пили, когда были голодны. Богатые наедались вдоволь, обделяя, в итоге, неимущих. Ставить в неудобное положение братьев, унижать бедных – все равно что презирать церковь. И Павел указал им на этот факт, давая им духовные знания по Слову Божьему.

Указывая людям на их ошибки, давая им совет, мы должны делать это с любовью. Просто уличать их в промахах бессмысленно. Подчеркнув, в чем они были не правы, мы должны посеять в них Слово истины. Тогда они смогут понять, и если у них благое сердце, то и признать собственные недочеты и исправиться.

> «Ибо я от [Самого] Господа принял то, что и вам передал, что Господь Иисус в ту ночь, в которую предан был, взял хлеб и, возблагодарив, преломил и сказал: „приимите, ядите, сие есть Тело Мое, за вас ломимое; сие творите в Мое воспоминание". Также и чашу после вечери, и сказал: „сия чаша есть новый завет в Моей Крови; сие творите, когда только будете пить, в Мое воспоминание". Ибо всякий раз, когда вы едите хлеб сей и пьете чашу сию, смерть Господню возвещаете, доколе Он придет» (11:23-26).

Апостол Павел поясняет, что сказанное им – это не его собственные слова, а то, что Господь открыл ему. Иисус провел Последнюю Вечерю со Своими учениками в ночь перед распятием.

В Евангелии от Иоанна, 6:53, говорится: *«Иисус же сказал им: истинно, истинно говорю вам: если не будете есть Плоти Сына Человеческого и пить Крови Его, то не будете иметь в себе жизни».* Согласно сказанному Иисусом в Евангелии от Иоанна (14:6): *«Я есмь путь и истина и жизнь»,* Он есть Истина, а истиной является Слово Божье.

Библия говорит нам, что мы имеем в себе жизнь вечную, только когда мы едим Плоть и пьем Кровь Сына Человеческого. Вот почему Господь дал хлеб, как символ Его Плоти, и чашу, символизирующую Его Кровь.

Итак, что же мы должны помнить о Нем и как часто пить Кровь Его?

Это значит, что мы должны помнить, что Господь пролил Свою Кровь, чтобы искупить нас от грехов и дать нам жизнь. Нам могут быть прощены грехи и дарована жизнь вечная, если мы будем «есть Плоть Сына Человеческого и пить Кровь Его». Павел говорит нам, что мы должны помнить о духовном значении этого каждый раз, когда принимаем участие в Хлебопреломлении.

По прошествии времени многие люди забывают о полученной ими благодати и о том, за что они должны благодарить. Иисусу хорошо известно человеческое сердце, поэтому он заповедовал нам помнить о Его благодати и любви, принимая хлеб и вино.

Когда мы едим Его Плоть и пьем Его Кровь, мы должны стремиться не только получить спасение, но и усердно проповедовать Евангелие, чтобы спасти многие души. Какая польза от того, что мы едим и пьем, не понимая смысла этого?

> «Посему, кто будет есть хлеб сей или пить чашу Господню недостойно, виновен будет против Тела и Крови Господней. Да испытывает же себя человек, и таким образом пусть ест от хлеба сего и пьет из чаши сей. Ибо, кто ест и пьет недостойно, тот ест и пьет осуждение себе, не рассуждая о Теле Господнем. Оттого многие из вас немощны и больны и немало умирает» (11:27-30).

Никто не должен принимать участие в Хлебопреломлении бездумно, не посмотрев на себя сквозь призму Слова Божьего, не осмыслив заранее своего намерения. Если кто-то согрешил, то он должен покаяться и обратиться на путь истинный. Если они не смогут этого сделать, то лучше им не участвовать. Участие в Святом Причастии позволяет нам понять, что Бог отдал нам Своего Сына и допустил, чтобы Кровь Его была пролита и Тело Его было распято на кресте, для того чтобы мы могли жить по Слову Божьему. Если мы, зная об этом, продолжаем грешить, то, принимая святой хлеб и святое вино, мы пренебрегаем Богом.

Поэтому мы должны прежде всего посмотреть на себя сквозь призму Слова Божьего и увидеть, грешим мы или нет. Если мы продолжаем умышленно грешить, то мы не достойны есть хлеб и пить чашу Господню. В трапезе

Господней можно участвовать, будучи уверенными, что мы вполне соответствуем стандартам истины.

В стихе 29-м говорится: «Ибо, кто ест и пьет недостойно, тот ест и пьет осуждение себе, не рассуждая о Теле Господнем». Сие означает, что если кто-то в действительности не достоин есть хлеб и пить чашу, но идет и ест и пьет, то это грех пред Господом.

В 30-м стихе говорится: «Оттого многие из вас немощны и больны и немало умирает». В этом случае «немощные» – это не те, чьи болезни вызваны инфекцией, а это люди, страдающие разными формами инвалидности, детским параличом или врожденной слепотой.

Те же, о ком сказано, что их «немало умирает», в этом случае символизируют духовно слепых. У всех верующих должны быть открыты духовные глаза, чтобы они могли понимать волю Божью, когда познают Его Слово, общаются с Ним и слышат голос Святого Духа.

И только тогда, когда мы примем Слово Божье с радостью, мы почувствуем, что оно слаще меда. Человек может быть христианином несколько десятилетий, но если он не ест Плоть и не пьет Кровь Господа, то есть он не исполняет Слово Божье, а просто ходит в церковь, то это будет означать, что он все еще плоть и он «умирает».

Сказано: «Ибо, кто ест и пьет недостойно, тот ест и пьет осуждение себе, не рассуждая о Теле Господнем». Тут мы должны понимать, что они не становятся слабыми или больными, потому что недостойно едят Плоть и пьют Кровь Господа.

Откуда же к нам приходят болезни? В Исходе, 15:26, говорится: *«И сказал [Бог]: если ты будешь слушаться гласа ГОСПОДА, Бога твоего, и делать угодное пред очами Его, и внимать заповедям Его, и соблюдать все уставы Его, то не наведу на тебя ни одной из болезней, которые навел Я на Египет, ибо Я ГОСПОДЬ, целитель твой»*.

Иисус исцелил человека, который был болен в течение 38-ми лет, и в Евангелии от Иоанна, 5:14, Он сказал ему: *«Вот, ты выздоровел; не греши больше, чтобы не случилось с тобою чего хуже»*.

Итак, если кто-то не достоин принять участие в Хлебопреломлении, то это означает, что он живет в грехах, во зле и неправедности. Человек приобретает болезни и немощи, так как не живет по Слову Божьему и все еще остается духовно слепым человеком.

> **«Ибо если бы мы судили сами себя, то не были бы судимы. Будучи же судимы, наказываемся от Господа, чтобы не быть осужденными с миром. Посему, братия мои, собираясь на вечерю, друг друга ждите. А если кто голоден, пусть ест дома, чтобы собираться вам не на осуждение. Прочее устрою, когда приду»** (11:31-34).

Если мы судим себя сами, то, согласно Слову Божьему, жить в истине для нас – это естественно, и мы не будем судимы Богом. Когда враг, дьявол и сатана, обвиняет нас, говоря: «Ты грешник. Ты совершил этот грех!» – Бог все равно защищает нас, так как это обвинение несправедливо.

Мы не должны быть судимы пред Богом. Нам следует вести себя так, чтобы Бог сказал: «Мои возлюбленные сыновья и дочери!» Если будет за что нас осудить пред другими, то сатана обвинит нас пред Богом. Тогда Бог, согласно закону духовного мира, вынужден будет отвернуть Свое лицо от нас. Сатана наведет на нас болезни, испытания и страдания, сделав нас духовно слепыми. Это и означает, нарушив закон духовного мира, быть судимыми пред Богом.

Однако Бог допускает обвинения сатаны, потому что Он любит нас. В Послании к Евреям, 12:6-8, говорится: *«,,...ибо Господь, кого любит, того наказывает; бьет же всякого сына, которого принимает". Если вы терпите наказание, то Бог поступает с вами, как с сынами. Ибо есть ли какой сын, которого бы не наказывал отец? Если же остаетесь без наказания, которое всем обще, то вы – незаконные дети, а не сыны».*

Бог допускает наказание, чтобы дети Его не дружили с миром и не шли путем, который приведет их к погибели. Если тот, кто любит Бога, совершит грех, он будет сразу же наказан. И это доказывает любовь Бога к нему.

В стихе 33-м говорится: «Посему, братия мои, собираясь на вечерю, друг друга ждите».

Павел призывает их понять духовный смысл Святого Причастия и необходимость собираться вместе, чтобы преломить хлеб. В настоящее время мы едим и пьем совсем немного, символически. Но в то время все было по-другому. И Павел говорит, что тот, кто слишком голоден, должен ждать других или идти есть домой.

И сказано, что «прочее устрою, когда приду». Павел не мог объяснить им более подробно, поэтому и сказал, что расскажет больше, когда посетит их.

Глава 12

Дары Святого Духа

— Святой Дух говорит нам о Господе Иисусе

— Различные дары Святого Духа

— Мы – Тело Христово

— Порядок в церкви

Святой Дух говорит нам о Господе Иисусе

«Не хочу оставить вас, братия, в неведении и о дарах духовных» (12:1).

Под «братьями» здесь имеются в виду дети Божьи. «Духовные дары» отличаются от плотских и имеют отношение к духовной сфере.

Мы, люди, живем в трехмерном мире. А четвертое измерение – это духовный мир, вечный мир, неподверженный переменам, верховная власть над которым принадлежит непосредственно Богу. Конечно же и трехмерный мир был сотворен Богом, Он управляет им, но Он владычествует также и над духовным миром.

По словам апостола Павла, он хочет, чтобы всем верующим были понятны духовные ценности. Мы живем в трехмерном мире, но когда мы принимаем Господа, наш мертвый дух возрождается, и мы становимся детьми Божьими.

Наши имена вписаны в Книгу жизни, и гражданство наше – в вечном Царстве Небесном. Так что нам не следует пребывать в неведении относительно духовного мира. Хотя мир четвертого измерения невидим, мы должны верить в то, что он есть, и следовать законам духовного мира.

Поскольку люди живут в трехмерном мире с ограниченными возможностями, некоторые из них не могут общаться с Богом. Они, хотя и считают себя верующими, не получают от Него ответов и не способны увидеть Его дела. Поэтому, когда мы говорим о четырехмерном пространстве, у этих людей возникают сомнения, и в действительности они в это не верят.

В Библии мы находим описание преследований Иисуса и Его учеников по той же самой причине. Фарисеи, книжники и священники верили в Бога и следовали Закону, но они не понимали духовных принципов. Они верили только в то, что видели собственными глазами. Поэтому они проявляли недовольство при виде проявлений четырехмерного мира и преследовали тех, кто являл подобные чудеса. И поскольку сегодняшний мир переполнен злом и неправедностью, гонения становятся все более и более жестокими.

«Знаете, что когда вы были язычниками, то ходили к безгласным идолам, так, как бы вели вас» (12:2).

Как вы жили до того, как приняли Иисуса Христа и получили в дар Святого Духа? Некоторые могут сказать, что они никогда не поклонялись идолам. И тем не менее, они все равно чему-то поклонялись.

Есть люди, которые служат, словно идолам, своим мужьям или женам, и даже своим детям. Другие не заботятся о членах своей семьи, а преклоняются перед славой и властью, будто бы они – идолы. И есть люди, для которых кумирами становятся знания и деньги. А для некоторых идолами стали они сами.

И, конечно, есть люди, которые делают настоящие изваяния из дерева, камня или золота и поклоняются им. А кто-то поклоняется солнцу, луне или звездам. Некоторые люди, как только заболеют, обращаются к колдунам. И таким образом они становятся идолопоклонниками бесов.

Разве это не позор – поклоняться всем этим идолам? А ведь именно этим и занимались люди до того, как пришли к Богу. Не смешно ли это – молиться образам, нарисованным людьми, и говорить им что-то вроде: «Позволь мне сдать вступительный экзамен», «Пусть мой бизнес процветает», «Дай мне здоровье»?!

Когда мы молимся с верой, а не поклоняемся идолам, Бог отвечает нам. Если мы храним День Господень и даем десятины, что является основой христианской жизни, Он хранит нас от разных несчастных случаев.

Если мы попали в аварию, то для этого должны быть причины, к примеру, мы не хранили День Господень или не платили десятины. Бог не может защитить нас в этом случае. Мы можем назвать свою жизнь благословенной, если в нас есть надежда на Царство Небесное, мы достаточно знаем о духовном мире и служим Всемогущему Богу, а не идолам, которые не могут говорить.

«Потому сказываю вам, что никто, говорящий Духом Божиим, не произнесет анафемы на Иисуса, и никто не может назвать Иисуса Господом, как только Духом Святым» (12:3).

Мы услышали о крестном пути, узнали о том, что Иисус Христос – наш Спаситель, и открыли для Него свои сердца. И тогда Бог посылает Святого Духа в наше сердце. Святой Дух дает рождение нашему духу. С помощью Святого Духа мы осознаем свои грехи и стараемся поступать праведно.

Если такие деяния Святого Духа происходят в нашей повседневной жизни, то как же мы можем говорить: «Иисус предан анафеме»? Как мы можем сказать, что Он недобрый, злой или Он сделал что-то не так?

Те, кто получили в дар Святого Духа, не должны говорить подобных вещей. Прежде, когда мы не верили в то, что Иисус Христос – наш Спаситель, мы не называли Его своим Господом. Некоторые просто признавали это своими устами, однако они не признали Его в своем сердце. Но те, кто приняли в дар Святого Духа, признают, что Иисус Христос – наш Спаситель, без всякого сопротивления. Не приняв Святого Духа, никто, на самом деле, не сможет сказать, что Бог – его Отец. Только тот, кто получил этот дар, может называть Его Отцом, потому что Он Тот, Кто дает рождение нашему духу.

Различные дары Святого Духа

«Дары различны, но Дух один и тот же; и служения различны, а Господь один и тот же» (12:4-5).

Здесь слово «дар» относится к специальной работе, которая совершается с любовью к Богу. Это дар, данный нам по Божьей благодати, и это лишь одно из многих проявлений Его благодати. В этом смысле, работа во благо спасения, принятие Святого Духа, получение Божественного исцеления и т. д. – это все «дары» от Бога. Даром от Бога также является Его ответ на наши молитвы.

Некоторые из даров, которые Бог дает нам, выделяются особо. Это дар мудрости, дар знаний, дар веры и дар Божественного исцеления.

Полученный дар – это работа Святого Духа, поэтому ни один человек не сможет обладать никакими дарами, не получив прежде в дар Святого Духа. А как же люди, живущие во времена Ветхого Завета, проявляли свой пророческий дар, не имея Святого Духа? В Ветхозаветные времена Святой Дух не входил в сердца людей. Они могли пророчествовать, когда Дух сходил на них извне. Вот почему они пророчествовали не все время, а только когда Дух побуждал их к этому.

В отличие от них, мы, живущие во времена Нового Завета, можем общаться с Богом всегда, если находимся в полноте Духа. Когда мы наполнены Духом, мы можем получить дар говорения на языках или дар Божественного исцеления.

Служение, данное Господом

Дары даются Святым Духом, тогда как служение зависит от Господа. Служение может быть разным, к примеру, служение диакона, старейшины, пастора, но все они даются Господом. Они дарованы нам, чтобы мы свидетельствовали об Иисусе Христе, спасали души и достигли Царства Божьего и правды Его. Служения преподавателей воскресной школы или певцов хора пользуются благоволением Господа, так что все они также очень значимы.

Существует большая разница между тем, когда есть обязанности, когда их нет и когда ты исполняешь их добросовестно. Значимость обязанностей, дарованных Богом, невозможно переоценить. Но если мы исполняем их с нежеланием или по принуждению, то в будущем это не принесет нам признания в Царстве Божьем. Получить Небесные награды можно только тогда, когда мы исполняем свои обязанности с благодарностью, радостью и верой.

В Царстве Небесном есть множество служений, в частности таких, как пение в хоре, игра на различных музыкальных инструментах. Исполнять свои обязанности на этой земле, порой, очень сложно, а в Царстве Небесном – совсем не сложно. Это приносит только радость и счастье. Так что, если мы из-за занятости мирской работой не прилагаем усилий к тому, чтобы исполнить свои, данные Богом, обязанности, то позже, когда мы предстанем перед Богом, нам не на что будет рассчитывать.

В детстве мы радовались, если преподаватель просил нас что-либо сделать для него. Мы были счастливы, потому что чувствовали, что учитель благоволит к нам и любит нас. Какое же это счастье обрести благоволение Бога Творца и работать для Него! Поэтому, если в нас есть вера, мы должны быть благодарны за свои обязанности и свое служение.

Кроме того, нам не следует думать, что это пастор или группа лидеров назначают нас на определенные позиции или служение. Мы должны понимать, что они были даны нам во имя Господа и под Его водительством.

«...И действия различны, а Бог один и тот же,

производящий все во всех. Но каждому дается проявление Духа на пользу» (12:6-7).

Все во всех производится Богом. Разные действия могут совершаться в разное время, но управляются все они Богом. Все действия контролируются Богом, а совершаются они во имя Иисуса Христа. Служения даются Господом, а совершаются силой Святого Духа. И, как результат, все совершаемые действия – это работа Триединого Бога.

В стихе 7-м говорится: «Но каждому дается проявление Духа на пользу». Какую пользу приносит нам проявление Святого Духа? Святой Дух приходит к каждому из нас, чтобы посеять веру, привести нас к очищению от грехов и к жизни в истине и праведности.

И, кроме того, без помощи Святого Духа нам не познать истины. Святой Дух работает, помогая нам понять волю Божью, идти путем, угодным Ему. Мы также получаем то, о чем просим, и воздаем славу Богу. Таким образом, все проявления Святого Духа являются благом для нас.

«Одному дается Духом слово мудрости, другому слово знания, тем же Духом» (12:8).

Кого здесь имеют в виду под словом «одному»? Бог хочет дать дары всем нам, но Он не может раздавать их без разбора. Он дает дары тем, кто подготовил соответствующий сосуд, достойный принять их. Я подробно говорил о мудрости в главе 3-й. У мудрости есть множество аспектов, в частности, это мудрость в повседневной жизни, мудрость в сердце, мудрость при исполнении своей работы.

Позвольте мне привести пример, объясняющий, что значит «слово мудрости». Некоторые люди собирают вторичные материалы, пригодные для переработки, и мастерят из них что-нибудь полезное. Это своего рода житейская мудрость.

Если мы в ответе за домашнее хозяйство, то от нашей мудрости будет зависеть качество нашей жизни. Например, есть люди, у которых практически одинаковые доходы и расходы, но одним постоянно не хватает денег, а другим удается покупать все необходимое и еще что-то откладывать.

То же происходит и со Словом Божьим. Каждый человек по-разному использует Слово Божье. Получившие дар слова мудрости, могут применить Божье слово там, где это особо необходимо. Потому что это Святой Дух, а не человек, применяет Слово Божье.

Святой Дух может так изменить недобрых и неправедных, что они становятся кроткими и добрыми по Слову Божьему. Он меняет таких людей, чтобы они могли ободрять других и благодарить Бога. Сея в них веру, Он дает им Свое водительство, чтобы они преодолевали мирские искушения с надеждой на Царство Небесное.

Но не все изменятся. У всех людей разная почва сердца. У некоторых почва сердца сравнима с доброй землей; у других – с землей, поросшей терниями; у кого-то сердце, как каменистая почва, а у некоторых она подобна почве при дороге. И, кроме того, люди отличаются своими умственными способностями и степенью упорства. Так что, даже при одном и том же слове, масштаб происходящих в них изменений будет различаться.

У некоторых совесть будто выжжена каленым железом, и они совсем не меняются. Иуда Искариот следовал за Иисусом три года, познал истину, но совсем не изменился. Когда апостол Павел являл знамения и чудеса, многие люди следовали за ним и свидетельствовали о Живом Боге. Но среди них было не мало и тех, кто предали Бога и возвратились в мир. Те же люди, которые получили дар слова мудрости, могут быстро изменить тех, в ком есть потенциал, для того чтобы измениться.

Так, как же мы можем получить дар слова мудрости?

В Послании Иакова, 3:17-18, говорится: *«Но мудрость, сходящая свыше, во-первых, чиста, потом мирна, скромна, послушлива, полна милосердия и добрых плодов, беспристрастна и нелицемерна. Плод же правды в мире сеется у тех, которые хранят мир».*

Мы можем получить мудрость Божью в той мере, в какой мы освящаемся. Но, во-первых, в глазах Бога мы должны быть чистыми, мирными, кроткими, разумными, непоколебимыми и нелицемерными. Мы будем приносить плоды благости, мира, кротости и любви, если станем есть Плоть и пить Кровь Господа. Мера мудрости, данная нам Богом, зависит от того, насколько мы живем в истине и насколько мы стали освященными. Когда все слова Божьи будут посеяны и взрощены в нас, мы получим неограниченную мудрость Божью. Именно так мы и обретем дар слова мудрости.

Мы обретем необычайную силу, если получим дар слова мудрости. Например, занявшись бизнесом, мы станем преуспевать, потому что будем мудрее многих других людей. Нас ждет успех во всех делах, будь то воспитание детей, поддержание мира в семье, евангелизация или благовествование друзьям и соседям.

Во второй части 8-го стиха говорится: «... другому слово знания, тем же Духом». Интернет-словарь «Мерриэм-Уэбстер» толкует слово «знание» как результат процесса познания или совокупность сведений о чем-либо, накопленных практическим или ассоциативным путем.

У новорожденных детей нет знаний. По мере роста их мозг вбирает в себя то, что они видят, слышат или познают. Это и есть «знания».

Такого рода знания чаще всего не являются истинными. Например, многие родители учат своих детей давать сдачи, если их бьют. Дар слова знаний в Библии – это способность понимать духовный смысл Слова Божьего, понимать

Божье сердце и культивировать его в собственном сердце. Для того чтобы мы могли вооружиться словом знаний, понимать Слово, у нас должны быть открыты духовные глаза. Иначе мы будем воспринимать Слово буквально, не понимая истинного смысла Слова Божьего.

К примеру, диаконы или служители церкви, очевидно, знают стихи из 1-го послания к Фессалоникийцам, 5:16-18, в которых говорится: *«Всегда радуйтесь. Непрестанно молитесь. За все благодарите: ибо такова о вас воля Божия во Христе Иисусе»*. Однако чаще всего они просто знают об этом, и только. А им следует понимать духовный смысл, заключенный в этих стихах, и принять их в свое сердце как слова, обращенные лично к ним. Только после этого эти слова станут «словом знания». А иначе, какой смысл цитировать их?

Как будут вести себя люди, которые приняли эти стихи в свое сердце как обращенные лично к ним? Понимая духовный смысл стихов, говорящих: «Всегда радуйтесь», они, даже проходя через испытания и тесты, будут радоваться и за все благодарить при любых обстоятельствах.

Понимая и принимая Слово Божье, мы можем войти в духовное измерение, и оно станет нашим. Однако, если духовное слово не культивируется в нас, то оно и не будет сопровождаться делами. Это значит, что мы не сможем испытать на себе деяния Божьи.

Но тогда почему мы говорим, что это один из даров?

Потому что мы не способны понять или принять Слово без помощи Святого Духа. Те, кто любят Слово Божье и исполнены Духом, могут получить Его помощь, и для них проповеди будут слаще меда, они не станут предаваться посторонним мыслям или дремать.

Возрастая в вере, они познают сердце и волю Божью и будут жить по законам духовного мира, и Святой Дух станет направлять их на путь процветания. Враг, дьявол и сатана, не имея причины вредить им, может просто удалиться.

> «…Иному вера, тем же Духом; иному дары исцелений, тем же Духом» (12:9).

Некоторые люди обрели твердую веру вскоре после того, как услышали о Боге. Как мы можем получить этот дар веры, позволяющий сразу же уверовать? Как уже упоминалось ранее, есть четыре различных типа «почвы» сердца: добрая земля, терние, каменистая земля и земля у дороги.

Добрая земля – это благое сердце, в котором нет нечестия. Те, у кого благое сердце, пересмотрят свои слова и даже свои привычки, осознав через Слово Божье, что они неправы. Если они обнаружат в себе что-то неправильное, их благая совесть подскажет им, что от этого нужно избавиться без колебаний.

И еще: испытав на себе деяния Живого Бога или увидев

определенные доказательства Его присутствия, они сразу же принимают Бога. Таким людям Бог дает дар веры.

Как же тогда получат дар веры те, кто не обладают «доброй почвой»? Вера дается Богом. Человек не может получить ее просто по своему желанию. В Евангелии от Марка, 9:23, когда Иисус сказал: *«Если сколько-нибудь можешь веровать, все возможно верующему»*, человек, чей сын был одержим бесами, ответил: «Верую, Господи! помоги моему неверию».

Здесь, когда он говорит: «Верую», это означает, что он слышал о силе Иисуса, Который воскрешал людей из мертвых, возвращал зрение слепым. Он не мог получить того, о чем просил, с верой, которая была подобно знаниям. Эта вера не была истинной верой, верой от сердца.

Он может получить только то, о чем просит с верой духовной, а духовная вера дается Богом. Этот человек не мог в действительности уверовать всем сердцем, и поэтому просил Иисуса даровать ему духовную веру, что и сделал Иисус.

Как и описано в случае, приведенном выше, существуют два типа веры. С верой, подобной знанию, обретенному через интеллект, человек не может получить спасение или обрести ответы на молитвы. Однако, когда эта вера, подобная знаниям, превращается в духовную веру, тогда за переменами следуют и определенные действия. Только после этого человек может по-настоящему получить спасение и ответы на свои молитвы.

Как же мы можем обрести духовную веру, которая дарована Богом?

Чтобы обрести веру, данную Богом, мы должны Слово, которое знаем, претворить в действие. Мы должны молиться и получить полноту Святого Духа, чтобы с корнем удалить неправду и посеять вместо этого истину. Чтобы это произошло, Святой Дух должен помочь нам понять истину и избавиться от грехов. Вот почему говорится: «...тем же Духом».

Далее, в этом же отрывке говорится: «...иному дары исцелений, тем же Духом». Дар исцеления – это исцеление по молитве ряда болезней, вызванных определенными инфекциями. Даже некоторые серьезные заболевания могут быть исцелены, когда человек получает молитву того, в ком есть дар исцеления.

Когда человек совершает грех, но искренне кается и молится Богу, тогда Бог может проявить милость к нему и исцелить его. В таких случаях, если мы получаем молитву человека, обладающего даром исцеления, мы можем получить исцеление намного быстрее.

Конечно, все случаи различаются в зависимости от болезней. Например, если у человека 3-я стадия рака, он может не исцелиться, получив лишь одну молитву. Онкологическая болезнь, возможно, развилась в нем, потому что он не жил по Слову Божьему. Он все более и более наполнял свое сердце злом, возводя стену греха между собой и Богом, поэтому ему нелегко принять истину. Он испробовал всевозможные методы лечения, но не добился никакого результата, поэтому в конечном итоге он стал уповать на Бога. Такое происходит с большинством людей.

У этих людей ожесточенные сердца. Когда они слушают Слово, у них лишь возникают сомнения и им нелегко понять его. Но если они по-настоящему откроют свои сердца, покаются и обретут веру, то они смогут получить исцеление по одной лишь молитве всего за неделю или меньше.

И, кроме того, это не значит, что только те, в ком есть дар исцеления, могут исцелять по молитве. Болезни могут быть исцелены и по молитве праведного (Посл. Иакова, 5:16). Когда многие люди молятся о больном человеке под водительством Святого Духа, то он может выздороветь. Потому что молитва с любовью может расположить Божье сердце.

И еще: Бог может явить Свои деяния, если вы проявите подлинную веру. Например, если лидер ячейки молится об одном из членов ячейки, то тот может исцелиться. Потому что Бог действует согласно нашей вере, как и сказано: «Как ты веровал, да будет тебе».

Однако если человек, в котором есть дар исцеления, молится о больных людях, но это не приносит результата, то это означает, что сам больной не обладает верой. Когда

Иисус исцелил слепого, Он сказал: *«По вере вашей да будет вам»* (От Матфея, 9:29). Таким образом, не стоит подводить к служителю Божьему, в котором есть дар исцеления, человека, в котором нет никакой веры. Но, если у людей есть хоть немного веры, то Бог будет работать пропорционально их вере.

Иногда с теми, в ком нет веры, Бог работает особым образом. Они заболевают, потому что не жили в истине и потому что не знали истины. Но Бог исцелит их, если они – люди, способные вести христианскую жизнь, и если они не изменят своего мнения после того, как испытают силу Божью. Кроме того, если кто-то помолится о спасении такого больного человека, Бог может исцелить его в ответ на молитву.

В Библии описано множество разных примеров, и мы должны понимать их смысл и уметь различать их, чтобы дать правильный совет и направление. Если кто-то получает молитву, но не выздоравливает, то лидер должен понять причину этого и дать человеку правильное направление.

Некоторым людям необходимо полностью покаяться и разрушить все стены греха, которые существуют между Богом и ними. В этом случае они не будут исцелены, сколько бы за них ни молились, до тех пор, пока они истинно ни покаются. В тех случаях, когда у родителей ожесточенные сердца и они много согрешают, их дети могут заболеть. Тогда покаяться и отвратиться от грехов необходимо родителям.

> «...Иному чудотворения, иному пророчество, иному различение духов, иному разные языки, иному истолкование языков» (12:10).

«Чудотворение» – это способность делать то, что сам человек сделать не мог бы. Многие люди не отличают дар исцеления от дара чудотворения. Чудотворение находится на более высоком уровне, чем дар исцеления.

Примером дара исцеления могут служить случаи, когда через вашу молитву исцеляются болезни, недуги и немощи, которые могут быть исцелены с помощью лекарств или других медицинских способов лечения. Однако чудотворение свершается тогда, когда человек, страдающий врожденной инвалидностью, которая не поддается медикаментозному лечению, исцеляется или восстанавливаются его нарушенные функции. Чудотворением также можно считать изменение по молитве погодных условий и влияние на атмосферные явления.

Получив дар чудотворения, мы сможем даже изменить характер или особенности личности людей. Принято считать, что основополагающие черты характера человека невозможно изменить. Но силой Бога все возможно.

У Моисея был вспыльчивый характер. Но после 40-летнего процесса очищения о Моисее было сказано, что он *«человек кротчайший из всех людей на земле»* (Числа, 12:3).

Иоанн, которого раньше называли «сыном Громовым»,

изменился и стал известен как «апостол любви». Вспыльчивый характер Павла тоже поменялся, и он стал настолько кротким, что радовался и благодарил даже в условиях гонения. Как только мы получим дар чудотворения, мы сумеем поменять свой характер так же, как и характер других людей. Мы также можем исцелять неизлечимые болезни и даже менять погодные условия.

Этот дар чудотворения дается только людям, праведным в очах Божьих. Когда мы поднимемся до уровня веры, при котором любовь к Богу для нас будет превыше всего, тогда мы начнем молиться о том, чтобы достичь еще более глубокого уровня – того уровня, находясь на котором, мы сможем всегда и во всем радовать Бога. Мы будем искренне молиться о том, чтобы спасти как можно больше душ и принять Божью силу.

Дар пророчества – это способность говорить о будущем под водительством Святого Духа. Бог дает людям дар пророчества для назидания, увещания и утешения (1-е посл. к Коринфянам, 14:3). Это выглядит примерно так: «Если ты поступишь так-то, то произойдут вот такие-то вещи».

Пророчества делаются только по воле Божьей и по вдохновению Святого Духа, и когда это абсолютно необходимо. Мы можем часто слышать, что кто-то якобы обладает даром пророчества, но в действительности это не так. Так, как же определить: правда это или нет?

Если, пророчествуя, человек говорит: «Вам следует сделать вот это, и вы должны поступить вот так», то это, скорее всего, ложное пророчество. Бог никогда не действует теми же методами, которые используют гадалки. Некоторые люди, желая похвалиться собой, притворяются, что могут пророчествовать, создавая при этом проблемы другим. Поэтому вы должны в этом как следует разобраться.

Почему пророчества приводят людей в замешательство? Иногда Святой Дух помогает оценить ситуацию, но это не является пророчеством. С помощью Святого Духа некоторым людям иногда удается прочесть мысли других, и они думают, что это и есть пророчество.

Предположим, что кто-то, прочтя мысли другого человека под водительством Святого Духа, говорит ему: «Вы должны больше молиться. В вас ощущается некоторая нервозность. Вам следует не грустить, а всегда радоваться». Это – не пророчество.

Слово, сказанное под водительством Святого Духа, конечно же оказывает благотворное действие на человека. Но и тот, кто говорит, и тот, кто слушает, не должны думать, что это – пророчество.

Если вы не стоите твердо на основании истины и не стали освященными, то вам не следует давать советы другим, хотя вы и много молитесь. Потому что вы еще недостаточно ясно слышите голос Святого Духа и не можете предвидеть реакцию человека на ваш совет.

Для человека, который много молится, это естественно – по благодати Божьей получать водительство Святого Духа и слышать Его голос. Но если у него все еще есть бревно в глазу, то он не имеет права давать советы другим. Если мы указываем на сучки в глазах других людей, имея бревна в своих собственных, то за дело берется сатана.

Пророчество не передается через мысли человека. Когда пророчество дает Бог, Он управляет языком и сердцем человека. Вы чувствуете, будто парите в небесах, и у вас нет собственного тела. Наполненные вдохновением Святого Духа, вы даже не знаете, что вы говорите.

Когда человек в молитве наполняется Святым Духом, у него вибрирует голос, но слова, произнесенные в этой ситуации, не являются пророческими.

Когда человек, у которого нет никаких плодов Духа, то есть нет долготерпения, воздержания, кротости, и жизнь которого еще не во всем построена на истине, но который, наполнившись Духом, начинает что-то говорить во время молитвы, то нельзя сказать, что слово, сказанное им, является пророческим. Некоторые люди ошибочно полагают, что они пророчествуют, когда какие-то слова всплывают в их разуме во время молитвы.

Пророчество – это дар, который дается тем, кто послушен Слову Божьему, в ком нет зла ни в какой форме и кто полностью освящен через усиленные молитвы. Такой человек послушен Богу во все время, и он чист сердцем; у него с языка не сорвутся лживые или неправедные слова.

Поэтому в наше время, наполненное грехами, очень трудно найти истинного пророка. Есть множество случаев, когда делаются лжепророчества, которые являются либо продуктом чьих-то собственных мыслей, либо работой сатаны, поэтому, чтобы разобраться в этом, мы должны проявить осторожность.

«... Иному различение духов, иному разные языки» (12:10).

«Различение духов» предполагает знание воли Божьей. Мы будем понимать законы духовного мира, когда познаем волю Божью. В Царстве Божьем есть Закон, и, понимая этот Закон Божий, мы должны полностью повиноваться Слову. Те, кто исполняют повеления Божьи, даже проходя долиной смертной тени, могут получить дар различения духов.

Сами мы не сможем различать духов. Это может быть сделано только тогда, когда мы водимы Святым Духом. Мы можем получить дар различения духов, когда мы полностью послушны Богу.

Если мы поднимемся до уровня полного различения духов, то сможем делать различие между духовным и плотским. Мы будем также понимать, где голос Святого Духа, а где наши собственные мысли, отличать добро от зла, правду от неправды.

Обладая даром различения духов, мы сможем также увидеть нечто вроде темного тумана вокруг лиц тех, кто находится в контакте со злыми духами или одержим злыми духами. Мы можем также почувствовать это, глядя на лица и в глаза людей.

Чтобы получить дар различения духов, как было сказано выше, мы должны полностью покориться Слову Божьему. Если мы проявим полное послушание, то сможем отчетливо слышать голос Святого Духа и следовать Божьей воле. Тогда мы будем способны различать духов благодаря силе Божьей.

Но мы не должны создавать видимость покорности, в то время как в действительности не проявляем послушания. Чтобы полностью покориться Богу, мы должны заблокировать собственные мысли. То есть нам следует избавиться от своих собственных теорий и идей.

Во 2-м послании к Коринфянам, 10:3-6, говорится: *«Ибо мы, ходя во плоти, не по плоти воинствуем. Оружия воинствования нашего не плотские, но сильные Богом на разрушение твердынь: ими ниспровергаем замыслы и всякое превозношение, восстающее против познания Божия, и пленяем всякое помышление в послушание Христу, и готовы наказать всякое непослушание, когда ваше послушание исполнится».*

В этом контексте «воинствование» - это духовная война. Чтобы выиграть в духовной войне, мы должны разрушить все теории, в правоту которых мы верим, а также избавиться от гордыни, которую Бог ненавидит. Если после этого мы полностью подчинимся Богу, стан врага, дьявола и сатаны, будет разбит, и Бог будет вести нас к преуспеванию. Мы не можем различать духов, несмотря на то, что мы, как нам кажется, знаем истину, много молимся и верим, потому что мы, так и не избавившись от собственных мыслей и теорий, все еще ставим себя выше Бога.

Далее, дар языков – это способность говорить на иных языках с помощью Святого Духа. Люди получают в дар разные языки. Многие молятся на языках, которые звучат, как и речь, на разных наречиях, поэтому в цитируемом отрывке говорится о «разных языках». Продолжая молиться на языках, мы увидим, что и это можно делать на более глубоком уровне. И это изменение языка является знаком того, что мы также поднялись на более высокий уровень духа.

Каждый, кто получил в дар Святого Духа, может молиться на языках. Но иногда человек не может молиться на языке даже после того, как получил в дар Святого Духа. Примером тому может быть человек с характером интроверта, который не любит молиться громким голосом в присутствии других людей.

Бог хочет, чтобы Его дети, получившие в дар Святого Духа, всегда могли бодрствовать и молиться, дабы быть наполненными Святым Духом. Если мы наполнены Духом, то для нас говорить на языках – это естественно. Мы можем получить этот дар или на молитвенном собрании, или когда молимся сами.

И еще: иногда и дар разных языков, и дар пророчества могут прийти одновременно. В Библии мы находим описания, когда люди говорили на языках и одновременно пророчествовали. Этот как раз то, к чему Бог особо благоволит (Деяния, 19:6). Дар пророчества получить не просто. Тогда как дар языков, который очень помогает в нашей ежедневной молитвенной жизни, получить легко.

В умении говорить на языках есть преимущества. Во-первых, мы сможем лучше молиться. Чем больше мы будем молиться на языках, тем больше будут открываться наши духовные глаза. Это означает, что мы будем лучше понимать Слово и возрастать в духе, так как мы наполнены Святым Духом.

По мере того как мы познаем Слово Божье, наполняясь Святым Духом через молитву на языках, открываются наши духовные глаза и нам легче понять Слово Божье.

Мы не знаем своего будущего. Мы даже не подозреваем, что может произойти через несколько часов. Однако дух в нас это знает. Так как духу нашему известны вероятные опасности или проблемы, ожидающие нас впереди, то он будет молиться Богу.

По вдохновению Святого Духа, наш дух будет молиться Богу: «Отведи ту опасность, которая поджидает меня впереди». Бог примет эту молитву и даст человеку возможность найти выход из положения, и Он сделает так, что все будет содействовать ему ко благу. Мы можем даже отвести от себя искушения и испытания, если молимся на языке.

Поскольку это молитва нашего духа, то мы молимся о том, что больше всего важно для нас. Разумеется, главными для нас являются не плотские ценности, а духовные. Если вы обладаете вспыльчивым нравом, то станете молиться о том, чтобы избавиться от него. И тогда Бог поможет вам в этом. Кроме того, наш дух молится за то, что необходимо каждому из нас, и мы можем быстро получить ответ на такую молитву.

Враг, дьявол и сатана, не понимает молитву духа, которой является молитва на языках, и поэтому не может вмешаться в молитву. Если мы не получим дар истолкования языков, то мы не поймем молитву на языках. Только наш дух и Бог понимают ее.

Как только враг дьявол познаёт наше сердце, он начинает вредить нам. Например, если человек, который не хранит День Господень, задумает пойти в церковь в ближайшее воскресенье, дьявол попытается заставить его назначить какую-то встречу, деловые переговоры, только чтобы он не смог пойти в церковь в воскресенье, как планировал.

Когда нас впереди поджидают проблемы или опасности и когда мы молимся на языках, враг дьявол не понимает нас и не может нам помешать. Бог услышит нашу молитву и укажет нам выход.

Молясь на языках, мы можем глубже войти в сферу духа. Мы будем усерднее молиться и еще больше наполняться Духом, что поможет нам получить силу. Те, кто являют силу Божью, говорят на языках. Невозможно достичь такого уровня, не говоря на языках, низвести силу Божью Свыше нелегко. Умение говорить на языках дает различные преимущества, и Бог желает дать этот дар каждому.

> «...Иному истолкование языков. Все же сие производит один и тот же Дух, разделяя каждому особо, как Ему угодно» (12:10-11).

Истолкование языков – это интерпретация сказанного в полноте и под водительством Святого Духа. Но некоторые люди ошибочно принимают за истолкование то, что в действительности им не является. Например, если, помолившись на языках, люди начинают потом молиться на языке, на котором они разговаривают, то им кажется, что это и есть истолкование языков.

Но это не так. Мы иногда можем так молиться, если мы не вошли глубоко в молитву на языках. Если человек очень глубоко вошел в молитву и даже поет на иных языках, он может быть вдохновлен Святым Духом настолько, что начнет молиться на своем обычном языке о том, о чем прежде и не думал молиться. Это – молитва всем сердцем, но она не является истолкованием языков.

Дар истолкования языков не дается так просто. Он даруется людям, которые достигли уровня освященности, или тем, кто однозначно должен получить его по провидению Божьему. Для того чтобы получить дар пророчества или истолкования языков, человек должен уметь контролировать свои мысли.

Потому что если люди не могут контролировать свои мысли, то их собственные мысли могут смешаться с мыслями, данными Богом. Бог не даст подобного дара, в частности, тем, кто даже не живет в истине. Если Бог дозволит это, то за них возьмется сатана.

Среди различных даров есть дары, предназначенные для всех, а есть дары, которыми люди наделяются только по необходимости. Словом мудрости, словом знаний, веры, различением духов и способностью говорить на разных языках могут обладать все, если они, конечно, готовы к этому.

Чем больше даров Духа мы получим, тем больше силы будет у нас и тем больше мы будем общаться с Богом. Мы должны просить о нуждах, но по вдохновению Святого Духа. Иногда у людей возникают проблемы из-за того, что у них нет истинного понимания, что является дарами Святого Духа. Поэтому нам следует жаждать даров, познавая при этом Слово и усердно молясь, чтобы достичь Царства Божьего и праведности Божьей.

Мы – Тело Христово

«Ибо, как тело одно, но имеет многие члены, и все члены одного тела, хотя их и много, составляют одно тело, – так и Христос. Ибо все мы одним Духом крестились в одно тело, Иудеи или Еллины, рабы или свободные, и все напоены одним Духом» (12:12-13).

Частей у тела много: глаза, нос, рот, руки и ноги. Но при многих частях, тело все же одно. То же самое и во Христе. Господь – лоза, а мы – ветви, и мы являемся одним целым (От Иоанна, 15:5).

Почему написано об этом? Потому что в этом есть объяснение тому, отчего плодов Святого Духа девять. Мы обладаем одним телом, но с разными частями, которые и формируют целостность тела. Святой Дух – один, а плодов – девять, и они являются разными дарами Святого Духа. Все они едины в одном Святом Духе. Все девять плодов дарованы одним Святым Духом, и мы едины во Христе.

Иудеи были избраны Богом. Однако сегодня понятие «иудей» в действительности относится к верующим. Так что, слово «верующий» является синонимом слова «иудей», то есть избранный в духовном смысле. Еллины же, в этом смысле, – язычники. Язычники не знали Бога, поэтому в сегодняшнем понимании они – неверующие.

Поэтому под фразой «Иудеи или Еллины, рабы или свободные» подразумеваются все, независимо от того, верующие они или неверующие, богатые они или бедные, обладают властью в обществе или нет. Даже неверующие язычники, услышав Евангелие, открыв свои сердца и крестившись Святым Духом, становятся членами одного Тела Христова. Так что во Христе нет более или менее благородных. Все одинаковы – все дети Божьи и братья во Христе.

Как только мы получим в дар Святого Духа, мы будем понимать Слово Божье, отвратимся от грехов и будем жить праведно. Быть напоенными одним Духом – значит покончить с грехами, есть Плоть и пить Кровь Господа.

> «Тело же не из одного члена, но из многих. Если нога скажет: я не принадлежу к телу, потому что я не рука, то неужели она потому не принадлежит к телу? И если ухо скажет: я не принадлежу к телу, потому что я не глаз, то неужели оно потому не принадлежит к телу? Если все тело глаз, то где слух?

Если все слух, то где обоняние?» (12:14-17)

Частей тела у нас много. Что, если бы ноги вдруг подумали: «Руки могут пожимать другие руки, могут делать все, что захотят. А нам этого не дано, мы не настолько полезны, как руки. Неужели мы по-настоящему не связаны с этим телом, не являемся его подлинной частью?»

То же самое происходит и с ушами. Что, если бы уши задумались: «Глаза могут смотреть фильмы, видеть красивые цветы, хозяева их очень любят и заботятся о них. Не то что о нас. Мы тоже не ощущаем себя частью тела». Но они, тем не менее, – часть тела.

Если бы все тело состояло сплошь из одних глаз, то оно не могло бы слышать. Оно могло бы смотреть фильмы, но не могло бы услышать, о чем в них говорится. Или же, если бы уши и были бы всем телом, то оно бы не видело и не ощущало запахов. Оно никогда бы не почувствовало аромата цветов.

«Но Бог расположил члены, каждый в составе тела, как Ему было угодно. А если бы все были один член, то где было бы тело? Но теперь членов много, а тело одно» (12:18-20).

Бог сотворил Небеса и землю и все в них по Своему Слову. Ничего из того, что существует сейчас, не возникало в результате стихийных превращений или по непонятной случайности. Бог сотворил все это Своей мудростью, и каждая из частей тела имеет наиболее оптимальное расположение и идеальные пропорции.

В приведенном выше отрывке говорится, что Бог расположил члены так, как Ему было угодно. Бог создал Адама самым совершенным образом. Адам был создан с двумя глазами, двумя ушами и одним ртом.

Но это лишь буквальный смысл стиха. А теперь давайте обратимся к его духовному смыслу.

Иисус основал церковь, пролив Свою Кровь. Поэтому глава церкви – Иисус Христос, а Бог – ее Владыка. Святой Дух также работает в теле Христовом, чтобы мы нашли Царство Божье и правду Его, принеся Девять плодов Святого Духа. Оттого в церкви есть множество служений и обязанностей.

Как сказано в главе 12-й, в 5-м стихе, в церкви есть много разных служений, в частности служения пасторов, старейшин, старших диаконисс, диаконов и так далее. Есть также служения лидеров ячеек, малых групп, приходских пасторов, волонтеров, ашеров, певцов хора, учителей воскресной школы и т. д.

Тело Христово – одно. Но частей у тела множество, и они достигают Царства Божьего и праведности Его. Точно так же, как множество частей являются составляющими одного тела, и многие части составляют церковь, которая есть Тело Христово.

Важны все обязанности. К примеру, мы не должны думать, что работа волонтеров в трапезной не важна, потому что их мало кто знает. Часы будут идти точно, только если каждая их часть будет работать исправно. Неважных частей, будь они большими или маленькими, не существует. Аналогично этому, мы можем думать с людских позиций о том, что одни обязанности значимее других, но в очах Божьих все обязанности важны.

В этом смысле, все Девять плодов Святого Духа очень важны для Царства Божьего и праведности Его. Например, мы не можем сказать, что дар говорить на языках только потому не важен, что он есть у многих людей. Он очень важен, потому что мы можем горячо молиться и достичь уровня духа, когда наши глаза будут духовно открытыми и мы получим силу вместе с даром говорения на языках.

Если у нас нет дара слова знания, то мы сумеем понять только буквальное значение Слова. В конечном итоге, мы можем превратиться в солому, у которой есть лишь сумма знаний о спасении, и не получить спасения. И мы не можем быть спасены без веры, поэтому дар веры очень важен.

Обладая даром исцеления, мы можем посеять веру в других. Получив дар чудотворения, мы можем помочь людям, которые сомневаются, не верят в то, что Бог – Живой. Мы можем подготовиться к будущим событиям через пророчества и жить в истине. Нам нужно различать духов, потому что без этого мы можем быть обмануты или пойти по пути, ведущему к погибели.

Если мы будем говорить на иных языках без их толкования, то не узнаем, о чем мы молились. Тогда может и не возникнуть желания получить этот дар. Многозначительность молитвы на языках раскрывается именно через ее толкование. Вот почему люди, желая получить этот дар, должны прикладывать усилия в вере. Так что из Девяти плодов Святого Духа нет ни одного, который был бы менее важным, чем остальные.

«Не может глаз сказать руке: ты мне не надобна; или также голова ногам: вы мне не нужны» (12:21).

К своим глазам, по сравнению с другими частями тела, мы относимся более заботливо. Но глаза не могут возгордиться и сказать рукам: «Мы не нуждаемся в вас». Если в глаза попадет пыль, то в этой ситуации могут помочь руки. Руки накладывают красивый макияж на глаза. И точно так же, не будь у нас глаз, руки стали бы беспомощными и не смогли что-либо сделать. И глаза, и руки важны, и они помогают друг другу.

Кроме того, голова не может сказать ногам, что они ненадобны, только потому, что у головы есть знания и от нее исходит мудрость. Если ноги не идут, то и голова стоит на месте, как фонарный столб. Ноги бесполезны без головы, так что важны и голова, и ноги.

То же самое относится и к служителям церкви. Им

следует взаимодействовать, как хорошо смазанный механизм. Если нет хорошей смазки, а именно, если происходят трения в результате непослушания, то от этого пострадает каждый член коллектива, а работа не будет исполнена. Мы можем достичь Царства Божьего и правды Его, только когда мы полностью послушны и когда все работают слаженно.

> «Напротив, члены тела, которые кажутся слабейшими, гораздо нужнее, и которые нам кажутся менее благородными в теле, о тех более прилагаем попечения; и неблагообразные наши более благовидно покрываются, а благообразные наши не имеют в том нужды. Но Бог соразмерил тело, внушив о менее совершенном большее попечение, дабы не было разделения в теле, а все члены одинаково заботились друг о друге. Посему, страдает ли один член, страдают с ним все члены; славится ли один член, с ним радуются все члены. И вы – тело Христово, а порознь – члены» (12:22-27).

Нос может показаться менее чистой частью тела по сравнению с другими. И внутри носа действительно не чисто. Но разве из-за этого мы можем сказать носу: «Ты грязный и неприличный»? Мы живем, дыша через нос. И когда он забивается, скажем, при простуде, мы понимаем всю важность носа.

Может показаться, что волосы в носу не имеют большого значения, но они фильтруют пыль, предотвращая ее попадание в тело и сохраняя его здоровье. Даже такие мелкие волосы были созданы для того, чтобы исполнять столь важную обязанность. Бог придал значимость и не вполне благообразным частям тела, так разве можно пренебрегать ими?!

О чем говорится в приведенном выше отрывке? Для духа, который является нашим главой, важны все части тела – руки, глаза, уши и голова. Точно так же и для Бога все обязанности в церкви важны. Даже те, которые кажутся малозначимыми, Бог использует для благородных целей. Бог дает нам понять, что все позиции и все обязанности в церкви бесценны, поэтому не может быть никаких противоречий.

Если прищемить палец, то будет страдать все тело. Если не будет одной руки, обрадуется ли этому другая? Скорее, это причинит ей горе. Так же, как все части тела взаимосвязаны и составляют единый организм, и в церкви важно, чтобы все любили друг друга. То же самое относится и к семьям, общинам и предприятиям.

Если в какой-либо ячейке идет пробуждение и количество членов ее возрастает, то остальные ячейки будут радоваться вместе с ними. Потому что это благоприятно для их же тела, Тела Христова. И напротив, если они станут завидовать и ненавидеть, то это будет означать, что их тела гниют и разрушаются. Когда такое происходит, проблему следует решать незамедлительно.

Мудрость Павла была исключительной, так как она была от дел Святого Духа. Он укреплял церкви, чтобы члены церкви понимали волю Божью и не завидовали друг другу. И еще: он учил их тому порядку в служении, который соответствовал воле Божьей, и чтобы они его соблюдали. Он рассказывал о том, что Царство Божье и правда Его будут найдены только тогда, когда соблюдается порядок.

Мы не можем сказать: «Если мы все равны во Христе, почему тогда я должен подчиняться другому человеку?» Если основная работа делается правой рукой, то левая не должна завидовать этому. Они должны радоваться и работать вместе, чтобы все сделанное служило ко благу. Это порядок, которого следует придерживаться. Вот почему в церкви, во-первых, апостол; во-вторых, пророк; в-третьих, учитель, а уже потом чудодейственные силы, дары исцеления и так далее.

Порядок в церкви

«И иных Бог поставил в Церкви, во-первых, Апостолами, во-вторых, пророками, в-третьих, учителями; далее, иным дал силы чудодейственные, также дары исцелений, вспоможения, управления, разные языки» (12:28).

Этот порядок был установлен не людьми, а Богом. Апостолы, как уже объяснялось, являются служителями, к которым благоволит Бог и которые полностью посвятили себя Богу. У них нет никакого собственного мнения, они всегда послушны лишь воле Божьей.

Они послушны настолько, что даже готовы пожертвовать собственной жизнью, чтобы так же полностью исполнить свои обязанности, как и наш Господь, Который сошел на эту землю в облике человека и пожертвовал Своей жизнью, исполняя волю Божью. Следовательно, апостолы соответствуют критериям, необходимым для вхождения в

Новый Иерусалим, в котором расположен Престол Божий.

На втором месте в этом порядке – пророки. Здесь имеются в виду пророки, призванные по воле Божьей. Бог благоволит к служителям, которых Он Сам же призвал. А, кроме того, Богу угодны те, кто становятся Его служителями по собственной воле, для того чтобы спасти умирающие души.

Бог Сам будет обучать служителей, которых призвал. Потому что Он знает, как изменятся те или иные люди, пройдя через очистительные испытания. Бог Сам будет очищать пророков так же, как и апостолов, чтобы они стали достойным инструментом для Него.

Такие служители стараются стать освященными, делая Божью работу. Речь идет не только о пасторах, но также и о мирянах. Верующие-миряне, достойные в очах Божьих, стараются очиститься от грехов, чтобы стать освященными, изменить свое сердце, превратив его в добрую почву, и достичь Царства Божьего.

Например, в то время как члены некоторых групп в церкви ведут праздные разговоры и просто весело проводят время, встретившись друг с другом, члены другой группы ищут Царства Божьего, проповедуя Евангелие, заботясь о других прихожанах, постясь и молясь. Если человек таким образом старается расширять Царство Божье, то Бог может поставить его на позицию выше пророка.

И на третьем месте – учителя. Бог поместил их на высокую позицию. В церкви должны быть учителя, потому что вера приходит от слышания Слова. Члены церкви смогут услышать и понять истину, идти путем, который ведет к жизни, только если их научат этому. Но не все учителя являются истинными. Истинные учителя должны делать все от них зависящее, даже если у них в обучении всего один человек.

На четвертом месте – силы чудодейственные. Через чудеса мы можем свидетельствовать о Живом Боге. Даже если мы старательно преподаем Слово Божье, это не принесет пользы, если мы не предъявим доказательств того, что Бог – Живой. Многие люди будут стараться сохранить в памяти услышанное ими Слово и начнут применять его на практике только после того, как увидят чудеса, которые последовали вслед за учениями.

И за этим следует дар исцеления. Дар исцеления получить проще, чем дар чудотворения. Мы воздаем славу Богу и способствуем росту в вере, исцеляя людей от болезней.

Очень важно помогать друг другу. Мы можем помочь людям молитвами и советами. Мы можем ободрить и успокоить их или помочь им материально. Мы можем служить другим и жертвовать собой и, ища Царства Божьего и правды Его, источать благоухание Христа.

Далее идет администрация. Мы прежде всего должны управлять своим сердцем. Мы сможем контролировать свое сердце, если избавимся от зла и неправедности, станем освященными и принесем Девять плодов Святого Духа. Такие люди понимают и с отзывчивостью откликаются на нужды других. Они не пытаются контролировать кого-либо силой или суровыми словами, но они направляют их с кротостью и готовностью служить.

Есть также дар говорить на разных языках. Мы можем глубже войти в дух, горячо молясь на иных языках. Мы можем наполниться Духом, а искушения и испытания уйдут прочь, и быстрее придут ответы на молитвы, когда мы молимся на языках; так что и этот дар тоже бесценен.

«Все ли Апостолы? Все ли пророки? Все ли учители? Все ли чудотворцы? Все ли имеют дары исцелений? Все ли говорят языками? Все ли истолкователи? Ревнуйте о дарах больших, и я покажу вам путь еще превосходнейший» (12:29-31).

Не у каждого есть способность учить. Но каждый должен исполнять свои обязанности и молиться о том, чтобы получить больший дар и как можно величественнее прославить Бога. Если у нас есть дар исцеления, то мы должны сильнее молиться, чтобы явить чудотворения, и стараться стать учителем, пророком и апостолом. То же относится и к другим обязанностям в церкви. Мы должны считать бесценными даже самые скромные обязанности и стремиться получить и добросовестно исполнять их.

Глава 13

Духовная любовь

— Духовная любовь и плотская любовь

— Даже при мощной силе и вере

— Духовная любовь

— Навечно на Небесах нам понадобится только любовь

Духовная любовь и плотская любовь

«Если я говорю языками человеческими и ангельскими, а любви не имею, то я – медь звенящая или кимвал звучащий» (13:1).

В последнем стихе 12-й главы говорится: *«Ревнуйте о дарах больших, и я покажу вам путь еще превосходнейший»*. Самым большим из даров является дар любви. Иисус исполнил Закон с любовью. Сам Бог – это Любовь в наивысшей степени. Мы стараемся найти Царство Божье и праведность Его ради совершенной любви.

Какова же она – истинная любовь, о которой говорит Бог?

Любовь, по большей части, бывает духовной и плотской. Духовная любовь дается Богом. Она никогда не проходит, она жертвенна во всем. Плотская же любовь, напротив, ищет своего, преследует только собственные интересы.

Такое чувство через некоторое время изменится, причем с легкостью.

В этом мире любовь проявляется в отношениях между родителями и детьми, мужем и женой, братьями и сестрами, соседями и друзьями. И глубина любви в каждом из этих случаев разная.

Люди говорят, что нет большей любви, чем родительская. Как правило, родители хотят в первую очередь обеспечить всем необходимым своих детей, и для них это важнее, чем обеспечить самих себя.

Тем не менее, даже в такой родительской любви есть скрытое желание добиться чего-то своего. Они принуждают детей делать то, что им, родителям, хочется. И обычно сильно огорчаются, если дети не оправдывают их надежд.

И тогда, когда дети не проявляют к ним должного уважения или доставляют им неприятности, родители могут изменить свое отношение к детям. Это – плотская любовь, которая ищет своего. Некоторые говорят, что готовы жизнью пожертвовать ради своих детей, но когда они любят такой любовью только собственных детей, то это означает, что они тоже ищут своего. Духовная же любовь делает человека способным любить всех детей, а не только своих.

Давайте поговорим о любви между мужем и женой. Некоторые из них могут любить жертвенной любовью, которая способна расположить к себе и изменить многих людей, но найти такую любовь не просто. Когда будущие супруги встречаются, они часто утверждают: «Я жить без тебя не могу!» Однако после вступления в брак они, если теряют интерес к супружеским отношениям, тут же с легкостью начинают говорить о разводе. Прежде они обещали любить друг друга вечно, но со временем вдруг обнаруживают, что все это – неправда.

Между братьями и сестрами тоже возникает напряжение, чаще всего из-за денег, и проходит всякая любовь. Например, если у младшего брата проблемы с финансами и он постоянно просит помощи у старшего брата, то их отношения, скорее всего, ухудшатся. Старшему брату, возможно, захочется, чтобы младший брат больше не появлялся у него. Не исключено, что он даже скажет брату не приходить к нему впредь. Такая любовь – плотская, она ищет своего, поэтому непостоянна.

Однако любовь Божья – другая. Любовь Божья – это абсолютно жертвенная любовь, которая никогда не меняется; это духовно очищенная, возвышенная и истинная любовь. К тому же, это любовь, которая ведет нас к вечной жизни и спасению.

В 1-м стихе говорится: «Если я говорю языками человеческими и ангельскими...». Слово «языки» здесь и в 12-й главе 1-го послания к Коринфянам имеет разное значение. Есть множество языков, на которых люди общаются, и им дано определение – «языки человеческие».

Есть языки, на которых говорят люди, а есть звуки, которые издают животные и птицы.

Услышав слово «ангел», мы представляем себе нечто чистое, непорочное и невинное – того, в ком нет зла. Когда кто-то говорит спокойно и красиво, мы отмечаем, что он говорит, как ангел. Как прекрасны эти слова, и, должно быть, они исходят из уст ангелов!

Если же человек владеет даже многими языками и может красиво изъясняться, говоря, как ангел, но в нем нет любви, то все его слова не что иное, как звон кимвала. Если ударить по твердому бруску меди, то он издаст приглушенный звук. А кимвал может звенеть громко. От слов человека, способного говорить, как ангел, нет никакого проку, если в нем нет духовной любви.

Даже при мощной силе и вере

«Если имею [дар] пророчества, и знаю все тайны, и имею всякое познание и всю веру, так что [могу] и горы переставлять, а не имею любви, – то я ничто» (13:2).

Имея дар пророчества, вы сможете предвидеть будущее. В знании будущего есть преимущество. «Все тайны» указывают на путь спасения, который был сокрыт до начала веков.

Здесь под «всяким познанием» подразумеваются не мирские знания, а знания Слова Божьего и Истины. Даже если мы знаем все тайны и имеем всякое познание, все это – ничто, если нет любви. Познать что-то умом – не значит иметь истинную веру. Такая вера не поможет нам встать на путь, ведущий к жизни вечной.

Мы должны не просто знать «все тайны» и иметь всякие познания, мы должны культивировать их в своем сердце. Таким образом, если мы, живя по Слову Божьему, избавляемся от неправды, мы можем обладать духовной любовью.

Пусть даже наша вера настолько велика, что мы можем ею двигать горы, все это – ничто, если нет любви. Вера и любовь – это две разные вещи. Обладать сильной верой еще не означает обладать большой любовью. Конечно же они связаны друг с другом. Если в нас есть вера, то мы будем стараться любить, и тогда вера поможет нам взрастить любовь. Но иметь большую веру – еще не значит иметь большую любовь.

Например, человек может верить в то, что Моисей разделил воды Красного моря, что сыны Израиля совершили марш вокруг города Иерихона и городская стена упала, что Иисус воскресил мертвого Лазаря. Но сам факт, что человек в это верит, не означает, что в нем есть любовь.

Даже некоторые пасторы могут вспылить по самому обыденному поводу и вести себя так, что ничем не будут отличаться от неверующих. Есть также лидеры церкви, в которых есть вера, но нет любви. Можем ли мы тогда говорить, что эти люди являются духовными людьми, что они стоят на пути, ведущем к вечной жизни, и имеют в себе жизнь?

Вот почему даже людям, которые именем Иисуса Христа

исцеляли больных, являли силу Божью и изгоняли демонов, Господь сказал: «*...ОТОЙДИТЕ ОТ МЕНЯ, ДЕЛАЮЩИЕ БЕЗЗАКОНИЕ*» (От Матфея, 7:22-23). Хотя мы и взываем: «Господи! Господи!» – мы не сможем войти в Царство Небесное, если не исполняем Слово Божье (ст. 21).

Если в нас нет любви, это означает, что мы не пребываем в Слове Божьем, хотя и посещаем церковь. Писание говорит, что, даже если мы имеем всякое познание и всю веру, так что можем и горы переставлять, мы – ничто, если не имеем любви.

> **«И если я раздам все имение мое и отдам тело мое на сожжение, а любви не имею, нет мне в том никакой пользы» (13:3).**

Помогать бедным без любви – это лицемерие. Это делается для того, чтобы их самих заметили другие. Богу не угодна подобная помощь. Мы не сможем получить за это благословения ни на земле, ни в Царстве Божьем.

Имена людей или компаний, сделавших пожертвования, как правило, публикуются в прессе. Если бы их имена не стали известны общественности, вряд ли все они стали бы жертвовать такие же суммы.

В Евангелии от Матфея, 6:2-4, говорится: *«Итак, когда творишь милостыню, не труби перед собою, как делают лицемеры в синагогах и на улицах, чтобы прославляли их люди. Истинно говорю вам: они уже получают награду свою. У тебя же, когда творишь милостыню, пусть левая рука твоя не знает, что делает правая, чтобы милостыня твоя была втайне; и Отец твой, видящий тайное, воздаст тебе явно».* Если мы помогаем бедным, для того чтобы стали известны наши имена, то мы уже получили похвалу и награды. Поэтому мы уже не получим каких-либо воздаяний от Бога в Царстве Небесном.

Далее говорится: «...и отдам тело мое на сожжение, а любви не имею, нет мне в том никакой пользы». «Отдать свое тело на сожжение» означает пожертвовать собой, всецело принести себя в жертву. Если мы способны полностью пожертвовать собой ради других, то разве возможно сделать это без любви?

Вы, вероятно, встречались с такими людьми, которые помогают другим, отдавая свои силы, время, деньги, но если они не получают признания за свою работу, то чувствуют разочарование, обиду и даже начинают высказывать свое недовольство. Но даже если дело не дойдет до жалоб и обид, пыл их все равно охладевает. А стоит кому-то указать на ошибки, допущенные ими в то время, когда они помогали людям, и они могут потерять всю свою силу и стойкость. Они могут даже критиковать тех, кто заметил их упущения.

Это говорит о том, что они делали все лишь ради того, чтобы заслужить признание и похвалу людей. Это было жертвоприношение без любви, и оно не принесло им никакой пользы.

Духовная любовь

Любовь долготерпит, милосердствует...» (13:4).

Духовной любви чуждо зло. Так что, если мы обладаем духовной любовью, то это означает, что мы избавились от зла. А теперь, давайте, поговорим о духовной любви более подробно.

Во-первых, любовь долготерпит. К чему мы должны проявлять долготерпение? Мы должны проявлять терпение, столкнувшись с разного рода трудностями, которые возникают, когда мы стараемся полюбить. Поэтому мы должны быть терпеливы по отношению к самим себе.

Человек, к которому мы относимся с любовью, может бросить в нас камень. Кто-то может оклеветать нас или возненавидеть безо всяких причин. Духовная любовь заключается в том, чтобы любить даже таких людей, проявляя при этом выдержку и терпение. Долготерпение в духовной любви – это терпение, проявляемое вопреки любым трудностям, с которыми мы сталкиваемся, когда пытаемся повиноваться Слову Божьему и любить людей.

Однако долготерпение духовной любви отличается от того долготерпения, которое является одним из Девяти плодов Святого Духа, описанных в Послании к Галатам (5:22). Долготерпение, как один из в Девяти плодов Святого Духа, означает способность все переносить ради Царства Божьего и правды Его. Оно означает быть терпеливыми и неутомимыми во всем ради истины. Однако долготерпение, как качество духовной любви, является более ограниченным понятием. Оно необходимо, чтобы проявить любовь к ближним, к каждому отдельному человеку.

В этом отрывке из Писания также говорится о том, что любовь милосердствует. Это качество предполагает способность не только принять и понять многих людей, но и удержать их возле себя. Охапка ваты не произведет никакого шума, даже если в нее кинуть твердый предмет; подобно ей и милосердное сердце – оно способно принять и понять каждого. Если мы обладаем подобным милосердием, то многие люди, словно птицы, которые отдыхают, сидя на ветвях большого дерева, захотят прийти к нам и обрести в нас покой.

Быть милосердным не означает постоянно принимать все с покорностью, безвольно и спокойно. Милосердие и кротость, угодные Богу, являются проявлением духовной любви, в которой нет зла. Поэтому мы сносим даже порочных людей, не противодействуя им. Но быть милосердным и кротким – не значит и быть просто мягким и покорным. Это означает умение с достоинством руководить, направлять, корректировать поведение человека и вести его за собой.

Проявляя понимание к недостаткам других, прибегая к достойным словам и действиям, такие люди способны принять и завоевать сердца многих. Ни при каких обстоятельствах они не станут камнем преткновения для окружающих, и они смогут обрести их доверие, любовь и признание.

Итак, как и сказано: *«Блаженны кроткие, ибо они наследуют землю»* (От Матфея, 5:5) и *«А кроткие наследуют землю и насладятся множеством мира»* (Псалом, 36:11), то есть именно кроткие наследуют землю. В этом случае «земля» имеет духовное значение, и речь идет о Небесных обителях. «Наследовать землю» – значит обрести почет в Царстве Небесном.

У кротких и смиренных будет сила, необходимая для того, чтобы с сердцем Господа явить благодать многим людям. Чем больше мы проявим милосердия, тем больше людей потянется к нам, и тогда мы сможем направить многие души в Царство Небесное. И это даст возможность кроткому человеку пользоваться огромным авторитетом на Небесах и получить в наследие широкую и просторную Небесную обитель.

«... Любовь не завидует» (13:4).

Здесь зависть – это горечь и подозрительность, вызванные успехами другого человека, это желание причинить ему зло. Если мы способны завидовать, то нам будет неприятно от того, что кто-то богаче нас. Мы даже можем возненавидеть такого человека, мечтая завладеть его собственностью.

Мы можем огорчиться, потому что они пользуются признанием и любовью других, а мы – нет. Кто-то может подумать, что разочарование – это, на самом деле, не зависть. Между тем, эти чувства возникают у нас из-за чувства собственного «я», которое жаждет любви и признания окружающих. А накопившись, зло проявится в поступках и словах.

Зависть довольно часто дает о себе знать в отношениях между мужчиной и женщиной. Корни зависти кроются в желании, чтобы избранница или избранник любили только его или ее. Люди могут также завидовать тем, кто богаче, образованнее, талантливее их самих.

В Бытии, в главе 4-й, мы читаем о жертвоприношении Каина и Авеля. Каин сделал плотское жертвоприношение, тогда как Авель принес жертву крови, которая является духовной жертвой. Бог принял только жертву Авеля, и тогда Каин убил своего собственного брата, позавидовав ему. Зависть толкнула его на убийство.

В Книге Бытия, 30:1, говорится: *«И увидела Рахиль,*

что она не рождает детей Иакову, и позавидовала Рахиль сестре своей, и сказала Иакову: дай мне детей, а если не так, я умираю». Рахиль, терзая Иакова, своими устами произнесла слова, отражающие зависть в ее сердце. И в конце концов случилось то, что она говорила: Рахиль умерла при родах Вениамина.

Мы должны не завидовать друг другу, а вместе радоваться во Христе, ободрять и любить друг друга. Для этого нам необходимо до конца осознать, до какой степени бессмысленны плотская любовь, слава, богатство, знания и власть в обществе, из-за которых разгорается зависть. Кроме того, нам следует твердо верить в то, что мы являемся гражданами Царства Небесного.

Тогда наше общение с братьями и сестрами во Христе будет даже более близким, чем с членами нашей собственной семьи. Ведь мы верим, что мы братья и сестры, которые будут жить в Царстве Небесном, вечно служа Богу, нашему общему Отцу. Поскольку в нас есть твердая вера и на нее опирается наша истинная любовь, мы будем любить ближних, как самих себя. В этом случае мы сможем радоваться достатку других людей как своему собственному.

«...Любовь не превозносится, не гордится» (13:4).

Превозноситься – значит выставлять себя напоказ,

хвалиться собой. Когда у людей есть нечто такое, чего нет у других, тогда им хочется похвалиться этим. Они ждут похвалы и признания. Некоторые превозносятся из-за своего богатства, образования, положения в обществе или внешности.

Если мы превозносимся, то это означает, что наши чувства весьма далеки от любви. И, кроме того, сколько бы мы ни хвастались, это не поможет нам завоевать уважение или любовь окружающих. Скорее всего, это приведет к тому, что люди будут настороженно относиться к нам, а, возможно, даже и завидовать.

Однако в 1-м послании к Коринфянам, 1:31, говорится: «*...чтобы [было], как написано: „хвалящийся хвались Господом"*». Так что мы можем хвалиться только Господом. Хвалиться Господом – значит рассказывать о том, как мы уверовали в Бога и получили Его любовь, получили от Него ответы и благословения.

Хвалиться Господом – значит воздавать Славу Богу и делиться благодатью с братьями и сестрами по вере, сея в них веру. Так мы собираем для себя награды на Небесах, и намного быстрее исполняются желания нашего сердца. Но мы должны быть осторожными, и когда хвалимся Господом. Бывает, что люди думают, что они воздают славу Богу, а в действительности они выставляют себя напоказ.

Мирское превозношение не приведет нас к вечной жизни, не даст нам удовлетворения. Оно лишь порождает в нас бессмысленную жадность и разрушает нас. Когда мы поймем это и сердца наши наполнятся надеждой на

Царство Небесное, у нас появится сила избавиться от гордости житейской. Очистив свое сердце от хвастовства, мы будем горячо любить Господа и хвалиться Тем, Кто подарил нам вечную жизнь и Царство Небесное.

Превозноситься – значит относиться к людям свысока, думать, что они во всем уступают нам, считать себя лучшим во всех отношениях. Высокомерный человек никогда и никого не сочтет более значимым, чем он сам. Он убежден в том, что он выше и лучше всех, поэтому всегда смотрит на окружающих свысока и старается поучать их.

Он смотрит сверху вниз даже на тех, кто направляет и наставляет его и кто занимает более высокое положение. Он не обращает внимания на советы старейшин и лидеров, более того, он пытается сам наставлять их. Подобный человек с легкостью вступает в споры и ссоры.

Это плотское превозношение. А есть превозношение и другого плана. Примером тому – человек, который долгое время является христианином, думает, что он многого достиг, и во всем чувствует свою правоту. Он осуждает и обвиняет других по Слову, которое познал, считая это способностью различать в истине. Подобное превозношение является духовной самонадеянностью.

А Бог говорит, что самонадеянный человек – глуп. Мы все сотворены по образу Божьему и, как дети Божьи, равны между собой. Никто не может смотреть свысока на другого человека, считая правым исключительно только себя.

Чем больше мы культивируем в себе духовную любовь, тем больше наше сходство с Господом, с Тем, Кто смирил Себя, быв послушным до смерти крестной. Он мыл ноги Своим ученикам, показав нам образец смирения и служения. Мы должны следовать Его примеру. Какими бы ни были люди – бедными, необразованными или слабыми, мы должны смиренно, от всего сердца, считать их лучше себя.

«…[Любовь] не бесчинствует, не ищет своего» (13:5).

Бесчинствовать – значит вести себя грубо и невоспитанно. Многие люди, сами того не осознавая, ставят окружающих в неудобное положение своими невежливыми словами и поступками.

Прежде позвольте мне сказать, что значит быть невежливым пред Богом. Это значит непочтительно относиться к богослужению, молитвам, прославлению, а также к святилищу и священным предметам в святилище. Например, некоторые люди приходят на богослужения с опозданием, засыпают во время проповеди. Проявлением грубости можно счесть отсутствие поклонения в духе и истине. Во время богослужения неприлично грезить о чем-то и разговаривать с рядом сидящими людьми. То же самое относится и к посещению богослужений в нетрезвом виде, в неподобающей одежде – в тапочках, в шлепанцах;

мужчинам не пристало надевать в церкви шляпу.

Бесчинствовать – значит опаздывать на молитвенные собрания без особых на то причин; вставать и ходить посреди молитвы; молиться, предаваясь праздным мыслям, бессмысленно повторяя одно и то же. Трясти человека, который молится, прерывая его молитву, или сразу же прерывать молитву, услышав, что вас кто-то зовет, – это тоже проявление грубости.

Мы не должны злиться или спорить в церкви. Не следует говорить в церкви о своих делах или мирских удовольствиях. Употреблять не по назначению или портить церковные святыни никому не позволено.

А теперь, давайте, поговорим о бесчинстве, проявляемом среди людей. Обычно, когда мы ищем своего, не заботясь об интересах других, мы способны совершать бесчинства. Неприлично звонить кому-либо в позднее время или задерживать человека своими долгими разговорами.

Невежливо опаздывать на назначенную встречу или приходить к людям без предупреждения. Даже если вы являетесь пастором или лидером церкви, у вас нет права командовать членами церкви. Чем ближе нам человек, тем больше мы склонны бесчинствовать по отношению к нему, поэтому нужно быть осторожными. Это и есть духовная любовь, когда мы способны, учитывая все обстоятельства, управлять своим поведением.

Духовная любовь заботится о том, чтобы принести пользу ближним, а не о собственной выгоде. Например, есть люди, которые на собраниях настаивают на своем, пытаясь переубедить всех. А есть и такие люди, которые не станут настаивать на собственном мнении, но и с позицией других ораторов они тоже не согласны.

Но есть люди, которые принимают во внимание мнение окружающих, и хотя у них есть свои, вполне достойные идеи, они прислушиваются к другим. Если мы любим ближних, то станем уважать и почитать их выше себя. Мы не будем искать собственной выгоды, прибыли и привилегий для себя.

Иисус не ел и не спал вдоволь. Он жил лишь для людей, которые бродили, словно заблудшие овцы. И так как Его сердце было наполнено любовью к душам, Он отказался от всего того, чем мог бы наслаждаться Сам.

Мы, как дети Божьи, не должны стремиться, опережая других, брать себе, что получше и повкуснее. Нам следует ставить церковь, души, наших ближних и членов наших семей превыше себя.

Однако не искать своего не означает, что мы не должны просить о хлебе насущном или нам не следует усердно молиться и трудиться для Божьего Царства. У нас есть все необходимое для жизни. Значит, мы не должны искать своего, причиняя вред и неудобства другим.

Чтобы не видеть во всем лишь собственную выгоду,

нам нужно доверять Святому Духу. Следуя водительству Святого Духа, мы всё и всегда будем делать во славу Божью. Если мы избавимся от зла и начнем культивировать в себе истинную любовь, то проявим благодатную мудрость в каждой ситуации, а также сможем различать, где воля Божья, и исполнять ее.

«...[Любовь]не раздражается, не мыслит зла» (13:5).

Некоторые люди сразу же раздражаются, если кто-то причинил им ущерб или все идет не так, как им хочется. Если вы раздражаетесь, то это не любовь. От раздражения нет никакой пользы. Раздражение выражается не только в злости, сквернословии или в жестокости.

Если лицо наше становится неподвижным или оно дергается, меняется цвет лица или же манера говорить становится резкой, то все это указывает на то, что мы раздражены. И это говорит о том, что внутри нас – недовольство, и теперь оно вышло наружу. Однако нам не следует судить о людях лишь по их внешнему виду. Иногда кажется, что они сердятся, а на самом деле это совсем не так.

Чтобы не быть раздражительными, нам нужно не подавлять в себе эмоции, а избавляться от обид. Конечно же мы не можем полностью освободиться от всех нездоровых чувств и наполнить наше сердце новым содержанием, благостью и любовью за один день. Мы должны ежедневно прилагать к этому усилия.

Когда возникает ситуация, которая может вызвать раздражение, мы должны стараться контролировать себя. Нам следует остановиться на мгновение, сделать глубокий вдох и подумать: «Какая польза от того, что я начну раздражаться?» И тогда, проверив свое сердце, мы не совершим ничего такого, о чем позже будем сожалеть или чего будем стыдиться. Если мы вот так будем учиться терпению, то в конечном итоге сумеем очистить свое сердце от раздражительности и вспыльчивости и будем сохранять спокойствие в любой ситуации.

В Притчах, 12:16, говорится: *«У глупого тотчас же выкажется гнев его...»*. А в Притчах, 19:11, написано: *«Благоразумие делает человека медленным на гнев, и слава для него – быть снисходительным к проступкам»*. Давайте же будем медленными на гнев и быстрыми в избавлении от злости, чтобы жить нам жизнью мудрого человека.

Сказано, что любовь не мыслит зла. В Библии короля Джеймса говорится, что любовь не помышляет ни о каком зле. Зло – это нечто нехорошее, неправильное. Если мы носим в себе зло, то нам хочется, чтобы другие страдали. Если мы наполнены любовью, то у нас даже мыслей таких не возникнет.

Родители любят своих детей и всегда хотят, чтобы их дети были обеспеченными. Но мы тогда хотим, чтобы люди страдали, и тогда стараемся найти их недостатки или слабые места и распространяем о них сплетни, когда мы не любим людей.

Осуждать и обвинять людей – это зло. Даже среди верующих встречаются те, кто судят других по своим собственным стандартам, не беря в расчет обстоятельства. Это потому, что в них нет любви. Кроме того, если у нас есть мысли, которые противоречат воле Божьей, то это означает, что у нас есть зло в помыслах.

Бог есть Любовь. Любовь является квинтэссенцией всех его заповедей. В 1-м послании Иоанна, 3:23, сказано: *«А заповедь Его та, чтобы мы веровали во имя Сына Его Иисуса Христа и любили друг друга, как Он заповедал нам»*. И в Послании к Римлянам, 13:10, говорится: *«Любовь не делает ближнему зла; итак, любовь есть исполнение закона»*.

В конечном счете, не любить – это тоже зло. Это грех и беззаконие. Чтобы проверить, не замышляем ли мы злое, необходимо проверить, сколько любви есть в нас. И, насколько мы любим Бога и души людей, настолько же в наших мыслях не будет зла.

Для того чтобы избавиться от зла, мы не должны думать и слушать ни о чем греховном и даже смотреть в его сторону. Но если мы увидим или услышим что-то порочное, мы не должны о нем помнить или думать. Нам следует отбросить даже мимолетную мысль об этом.

Чтобы отбросить зло и хранить себя от него, мы должны наполнить свой дух Словом и молитвой. Мы сможем отогнать от себя порочные мысли и думать о благом, размышляя о Слове день и ночь. Мы сумеем обнаружить в себе скрытое зло, еще глубже размышляя о Слове в молитве. Горячо молясь в полноте Святого Духа, мы укротим зло и избавимся от него.

Давайте же придерживаться благости все время, как сказано об этом в 1-м послании к Фессалоникийцам (5:15): *«Смотрите, чтобы кто кому не воздавал злом за зло; но всегда ищите добра и друг другу и всем»*.

«...[Любовь] не радуется неправде, а сорадуется истине; все покрывает, всему верит, всего надеется, все переносит» (13:6-7).

Не радоваться неправде – это все равно, что не мыслить зла, с небольшой только разницей. Не мыслить зла – значит не иметь зла в своем сердце ни в какой форме. Не радоваться неправде означает не радоваться и не участвовать ни в каких нечестивых делах.

Например, если вы завидуете своему другу, который преуспевает, и у вас промелькнула мысль о том, что хорошо бы, чтобы его постигла неудача, то это показывает, что у вас есть зло в сердце. И вот, позже случилось так, что его компания вдруг обанкротилась. Если вы в этой ситуации радуетесь, думая: «Вот и хорошо, что он обанкротился», то это и есть пример того, как можно радоваться неправде. Кроме того, если вы радуетесь прибыли, которая заработана нечестным путем, если вы обкрадываете людей и обманываете их в денежных вопросах, то вы проявляете особую активность, радуясь неправде.

Нарушать закон, причинять людям вред, совершать любые другие действия, враждебные Слову Божьему, – значит быть неправедными в очах Божьих. Неправедность опознается, когда зло в сердце всплывает наружу. Среди различного рода грехов этот грех, в частности, имеет отношение к делам плоти.

В 1-м послании к Коринфянам, 6:9-10, сказано: *«Или не знаете, что неправедные Царства Божия не наследуют? Не обманывайтесь: ни блудники, ни идолослужители, ни прелюбодеи, ни малакии, ни мужеложники, ни воры, ни лихоимцы, ни пьяницы, ни злоречивые, ни хищники – Царства Божия не наследуют»*. Здесь говорится, что те, кто совершают дела плоти, не могут получить спасения. Кроме того, когда мы видим какую-либо неправду, мы не можем радоваться ей или принимать в ней активное участие; мы должны стенать в молитве об этой ситуации.

Радоваться в истине – это, прежде всего, радоваться Евангелию. Евангелие – это Благая Весть о том, что мы можем войти в Царство Небесное благодаря Иисусу Христу. Мы получили спасение, услышав Благую Весть и приняв Иисуса Христа. Мы обрели вечную жизнь, радуясь истине, то есть Евангелию. Мы можем войти в Царство Небесное, очистившись от грехов драгоценной Кровью Господа. Мы обрели драгоценную жизнь, познав истинный смысл жизни.

Кто рад Благой Вести, тот будет усердно распространять Евангелие среди других. Тот станет радоваться, видя, как неверующие принимают Господа и получают спасение, как расширяется Царство Божье.

Сорадоваться истине также означает радоваться познанию благодати, любви, праведности и истине. Мы наполняемся радостью, слушая Слово, читая Библию и применяя истину на практике. Божье Слово говорит нам служить, понимать и прощать ближних, и мы подчиняемся этому по доброй воле. Чтобы вести достойную жизнь, мы должны сорадоваться истине, испытывая жажду и голод по истине.

Мы можем все переносить, имея любовь. Мы должны обладать духовной любовью и радоваться истине, веря и все перенося. Мы можем понять любовь Божью и являть ее на практике, если только всецело верим в истину.

Мы должны надеяться и все переносить, чтобы обрести совершенную духовную любовь. Давайте проверим: действительно ли мы обладаем подобной любовью? И да будем мы любить Бога и своих ближних, чтобы иметь мир и благословения Божьи!

Навечно на Небесах нам понадобится только любовь

«Любовь никогда не перестает, хотя и пророчества прекратятся, и языки умолкнут, и знание упразднится» (13:8).

Любовь берет начало в истине. Все 66 книг Библии – о любви. Если мы живем в истине, то наша любовь может стать совершенной. Вот почему Господь сказал, что Он должен исполнить Закон с любовью.

Если мы пребываем в Слове и наше сердце до конца исполнено истиной, то это означает, что мы обрели сходство с Богом. Это значит, что мы достигли освящения и совершенной духовной любви. Истина всегда неизменна, и, подобно ей, любовь тоже не меняется и не перестает никогда.

Когда мы войдем в Царство Небесное, нам не нужны будут пророчества, языки или знания. У нас будет один лишь язык общения – язык небесный. Поэтому нам не нужны будут другие языки. Только истинная любовь остается неизменной.

«Ибо мы отчасти знаем, и отчасти пророчествуем; когда же настанет совершенное, тогда то, что отчасти, прекратится. Когда я был младенцем, то по-младенчески говорил, по-младенчески мыслил, по-младенчески рассуждал; а как стал мужем, то оставил младенческое» (13:9-11).

Даже владея большим объемом информации о Боге, истине и пророчествах, мы не сможем полностью понять Его сердце и волю Божью. Мы можем знать о будущем только то, что Бог дозволит нам узнать под водительством Святого Духа. Вот почему мы знаем и пророчествуем только отчасти.

В стихе 10-м говорится: «Когда же настанет совершенное, тогда то, что отчасти, прекратится». Когда мы войдем в Царство Небесное, тогда то, что мы знали отчасти, прекратится. Позвольте мне привести пример, чтобы объяснить, что это значит.

Когда мы были детьми, мы говорили, как дети. А когда повзрослели и возмужали, то стали мыслить и говорить по-другому. Если, повзрослев, мы будем рассуждать, как дети, то нас сочтут наивными и по-детски непосредственными.

По аналогии с этим, и пророчества, и говорение на языках, и все наши знания, полученные на этой земле, по сравнению со способностями, которые у нас будут на Небесах, будут подобны детской речи. На Небесах мы полностью познаем сердце и волю Божью. Следовательно, у нас больше не будет нужды в пророчествах и языках.

> **«Теперь мы видим как бы сквозь [тусклое] стекло, гадательно, тогда же лицом к лицу; теперь знаю я отчасти, а тогда познаю, подобно как я познан» (13:12).**

Каковы же в действительности наши познания, притом, что мы хорошо знаем истину и все глубже входим в дух? Люди говорят: «Увижу, тогда поверю». Лучше один раз увидеть, чем 100 раз услышать.

Как бы хорошо мы ни знали Библию, истину и Бога, когда мы встретимся с Богом на Небесах, мы поймем, что наши знания здесь, на этой земле, можно сравнить с разглядыванием какого-либо отражения в тусклом стекле или зеркале. Зеркала во времена Павла делались из металла, поэтому не давали четкого отражения. Это не то, что стекла и зеркала в наше время.

Даже если мы пророчествуем, имеем всякое познание и говорим на языках, мы не можем сравнить эти способности со знаниями, которые у нас будут тогда, когда мы окажемся на Небесах. Вот почему то, что мы познали здесь, сравнивается с отражением в тусклом стекле. Поэтому все знания, пророчества и языки на этой земле прекратятся, и на смену им придет совершенное.

И кроме того, как бы ни были велики наши познания, они все равно неполные, мы знаем лишь отчасти что-то. Но если мы встретимся с Господом, мы познаем Его также хорошо, как Он познал нас.

Мы верим в Небеса. Мы верим в то, что Господь воскрес, что Он вернется, чтобы забрать нас. Живые, преобразившись в духовные тела, будут забраны в воздух. Какой бы полной ни была наша вера, когда мы реально окажемся рядом с Господом, ситуация изменится. Только тогда мы познаем Его так же, как Он знает нас.

«А теперь пребывают сии три: вера, надежда, любовь; но любовь из них больше» (13:13).

Здесь сказано: «...пребывают сии три: вера, надежда, любовь». Во-первых, в нас должна быть вера, потому что мы получаем спасение по вере. Если в нас есть вера, мы сможем обрести надежду на Царство Небесное. Мы сумеем преодолеть испытания с верой. Мы в состоянии радоваться и благодарить в любой ситуации, потому что получаем ответы на свои молитвы и у нас есть надежда на Царство Небесное. Мы выполним наш долг, горячо молясь о том, чтобы жить в истине с верой.

Те, в ком есть духовная вера и надежда на Царство Небесное, не идут на компромисс с неправдой. Они вооружаются истиной и, чтобы обрести совершенную и истинную любовь, уподобляются Богу. Так что, мы должны обладать верой, надеждой и любовью на этой земле.

Но понадобятся ли нам вера и надежда в Царстве Небесном? Вера и надежда нам нужны, пока мы живем на земле. Мы войдем в Царство Небесное по вере. Поэтому, как только мы войдем в Царство Небесное, вера нам уже не понадобится. Надежда нам нужна, пока мы живем на этой земле. В Царстве Небесном мы достигнем всего, и надежда нам больше не понадобится.

Но любовь никогда не прекратится, нет такой ситуации. Она будет вечно в Царстве Небесном. Мы будем наслаждаться радостью всегда, деля любовь с Богом и Господом и спасенными братьями и сестрами.

Так что, мы должны очистить свои сердца на этой земле, чтобы обрести святость и мир, которые объединяют нас с сердцем Господа. Мы должны ревновать о дарах больших, чтобы наша любовь была совершенной и духовной.

Глава 14

Пророчества и языки

— Достигайте любви, прежде чем ревновать о дарах духовных
— Молитва на языках – духовная молитва
— Сравнение языков и пророчества
— Делайте все с целью назидания
— Духовное значение слов «жены ваши в церквах да молчат»
— Все должно делаться благопристойно и чинно

Достигайте любви, прежде чем ревновать о дарах духовных

«Достигайте любви; ревнуйте о [дарах] духовных, особенно же о том, чтобы пророчествовать. Ибо кто говорит на [незнакомом языке], тот говорит не людям, а Богу; потому что никто не понимает [его], он тайны говорит духом; а кто пророчествует, тот говорит людям в назидание, увещание и утешение» (14:1-3).

Желания верующих должны быть связаны с Царством Божьим и вещами духовными, а не земными. Мы должны стремиться стать духовными людьми. Для этого нам нужны сила и дары. И мы должны непрестанно молиться.

В приведенном выше отрывке сказано, что мы должны достигать любви и жаждать духовных даров, и особенно дара пророчества. А также в нем говорится, что стремиться к дарам духовным нужно в рамках любви. Вот почему в предыдущей главе речь шла о духовной любви.

Если в нас нет духовной любви, а мы просим о духовных дарах, то Бог не может ответить нам. Когда кто-то утверждает, что у него есть сила или он может пророчествовать, но при этом не знает истину и не имеет духовной любви, то он просто лжет. Как может Бог дать духовные дары человеку, в котором нет любви?

Вот почему прежде всего мы должны обрести любовь и во всем, что мы делаем, руководствоваться любовью. Бог даст нам дары Святого Духа пропорционально любви, которую мы сумели возделать в себе. Если мы живем, наполненные духовной любовью, то мы, естественно, будем молиться и станем духовными людьми. Кто культивировал в себе духовную любовь, тот ради Царства Божьего и правды Его и, конечно, ради душ желал также духовных даров и дошел до более глубокого уровня духа. Есть множество различных духовных даров, однако Павел говорит, что мы должны хотеть пророчествовать.

Говорение на языках – это молитва духа, которую слышит Бог. Только Бог понимает содержание этой молитвы. Даже сам человек, который молится на языках, не понимает ее, если у него нет дара толкования языков. Более того, эту молитву не понимает враг, дьявол и сатана, и поэтому он не может помешать ей.

Молитва в сердце и молитва в духе отличаются друг от друга. Например, если вы молитесь, говоря: «Бог, я такая уставшая сейчас. Дай мне силы, и я преодолею усталость», то это молитва сердца. Вы знаете, о чем вы молитесь. Молитву же на языках вы не понимаете, ибо это ваш дух молится о духовных нуждах.

Любовь не ищет своего, она печется об интересах других. Это тоже объясняет, почему мы должны хотеть пророчествовать, ведь пророчества приносят пользу другим.

Кто пророчествует, тот говорит людям в назидание, увещание и утешение. Это означает, что пророчество служит для блага и благополучия других. Оно необходимо, чтобы дать людям мир и утешение, чтобы направить их на путь благодати. Таким образом, пророчества направляют людей к тому, чтобы они молились, каялись в своих грехах, любили больше Бога и становились ближе к Богу. Вот почему пророчества даются, чтобы назидать, увещевать и утешать людей.

Молитва на языках – духовная молитва

«Кто говорит на [незнакомом] языке, тот назидает себя; а кто пророчествует, тот назидает церковь. Желаю, чтобы вы все говорили языками; но лучше, чтобы вы пророчествовали; ибо пророчествующий превосходнее того, кто говорит языками, разве он притом будет и изъяснять, чтобы церковь получила назидание» (14:4-5).

Бог желает каждому дать дар языков, и каждый верующий может получить его. Павел говорит, что он хотел бы, чтобы все получили этот дар, потому что он благотворен для духа человека, молящегося на языках.

Те же, кто пророчествуют, назидают церковь. Пророчества могут посеять веру в прихожанах, и их души будут преуспевать. Это позволит людям относиться друг к другу с любовью и разрешить все проблемы. Кто пророчествует, тот назидает церковь, потому что пророчества помогают быть в гармонии с Царством Божьим и праведностью Его.

Однако если из-за пророчеств в церкви возникают неразбериха и другие проблемы, то это – работа сатаны, и нам нужно быть осторожными.

Чтобы человек, который молится на языках, назидал церковь, он должен также получить дар толкования языков. Тогда, даже если он не пророк, он может истолковать людям молитву на языках, назидать и утешить их так же, как и в случае с пророчеством.

Даром истолкования языков проверяется, насколько глубоко общение человека с Богом, насколько духовны его молитвы, что помогает ему жить по Слову Божьему более усердно.

В отрывке из Писания говорится: «...ибо пророчествующий превосходнее того, кто говорит языками, разве он притом будет и изъяснять, чтобы церковь получила назидание». Однако это не означает, что если язык не изъясняется, то и говорить на нем не нужно, потому что пророчествовать лучше, чем говорить языками. Тот, кто пророчествует, должен получить и дар говорения на иных языках. Нам следует молиться на языках, чтобы душа наша процветала и чтобы мы могли получить также и дар пророчества.

Труба того, кто назидает, должна издавать определенный звук

«Теперь, если я приду к вам, братия, и стану говорить на [незнакомых] языках, то какую принесу вам пользу, когда не изъяснюсь вам или откровением, или познанием, или пророчеством, или учением? И бездушные [вещи], издающие звук, свирель или гусли, если не производят раздельных тонов, как распознать то, что играют на свирели или на гуслях? И если труба будет издавать неопределенный звук, кто станет готовиться к сражению?» (14:6-8)

Если бы апостол Павел молился в Коринфской церкви только на языках, то никакой пользы от этого верующим не было бы, потому что они бы его не понимали. Поэтому он говорил на иных языках, но также назидал их откровениями и учениями. Молиться на языках, изъясняться откровением или познанием, или пророчеством – все это, вместе взятое, может принести пользу окружающим.

От флейты и арфы есть польза, когда человек может различать их звучание. По аналогии с этим, мы должны использовать все дары по назначению. Например, если тот, у кого есть дар пророчества, просит денег за свое пророчество, то он использует свой дар не по назначению. Это значит, что он идет путем, ведущим к смерти. Какая польза другим от таких пророчеств?

В свое время различные звуки горна служили определенными сигналами для солдат: сигнал «подъем» призывал к пробуждению и построению; солдаты различали призывы, говорившие им, когда идти в атаку, а когда отступать; были сигналы, которые предупреждали их о нападении врага. Ошибочный сигнал горна мог привести солдат в замешательство. Если бы горнист подал сигнал к отступлению, когда им нужно было атаковать, или наоборот, то это кончилось бы трагедией.

А теперь давайте исследуем духовный смысл, заключенный в этом стихе.

Если пастор учит прихожан церкви неправильным вещам, то души членов церкви не будут преуспевать, и они не смогут встать на камень веры. Церковь обязана подавать правильные призывы, она должна предупреждать и назидать, чтобы паства могла подготовиться к духовной битве.

Враг дьявол бродит, как рыкающий лев, ища в этом мире, кого поглотить. Чтобы одержать победу над дьяволом, мы должны стать истинными воинами креста. Солдаты успешно сражаются, когда им подают верные сигналы. Иначе говоря, для победы в духовной войне верующим необходимо ясно слышать и понимать зов Слова Божьего и применять его на практике.

Для этого наставник должен подавать верные сигналы.

Не только пасторы, но и лидеры церкви должны наставлять и вести овец надлежащим путем. Но если слепой ведет слепого, то они оба упадут в яму. Лидеры должны осознать, что одна ошибка в их словах может стать причиной того, что верующие споткнутся и упадут. Поэтому они должны передавать волю Божью точно, с чувством глубокой ответственности.

> «Так, если и вы языком произносите невразумительные слова, то как узнают, что вы говорите? Вы будете говорить на ветер. Сколько, например, различных слов в мире, и ни одного из них нет без значения. Но если я не разумею значения слов, то я для говорящего чужестранец, и говорящий для меня чужестранец. Так и вы, ревнуя о [дарах] духовных, старайтесь обогатиться [ими] к назиданию церкви» (14:9-12).

Даже если проповедник делится с алтаря глубоко духовным посланием, но паства не понимает и не воспринимает его, то в этом послании нет истинной ценности. Это все равно что показывать бесценные картины человеку с нарушенным зрением; подавать звуки человеку, который не в состоянии услышать их; преподавать детям начальной школы предмет, рассчитанный на студентов колледжа. Если верующие не понимают смысла проповедуемого послания, то проповедь эта – всего лишь сотрясение воздуха, и она вовсе не производит никакой пользы для людей. То же происходит, и когда они слышат, как кто-то говорит на языках: если они не понимают, о чем говорят, то от того, что они слышат, нет никакой пользы.

Павел говорит: «…ревнуя о [дарах] духовных». Духовные дары – это Богом данные обязанности и каждый дар, который дается Богом по Его благодати.

Мы должны обо всем просить в обилии Божьей благодати, и нам следует исполнять свои обязанности. Поступая так, мы сможем еще более угодить Богу. Так что мы не должны чувствовать себя обремененными, если у нас в церкви множество обязанностей, а напротив, следует просить, чтобы нам дали их еще больше. И мы должны все это делать с любовью.

Молитва на языках не поможет сердцу принести плоды

> «А потому, говорящий на [незнакомом] языке, молись о даре истолкования. Ибо когда я молюсь на [незнакомом] языке, то хотя дух мой и молится, но ум мой остается без плода» (14:13-14).

Не думайте, что каждый, кто говорит на языках, должен просить о даре истолкования языков. Этот стих взаимосвязан с 1-м посланием к Коринфянам, 14:1, где говорится: «Достигайте любви». Святой Дух побуждает сердца тех, в ком есть духовная любовь, просить о даре истолкования языков. Точно так же дела обстоят и с другими дарами. В зависимости от того, насколько наше сердце возделано духовной любовью, настолько Святой Дух дает ему желание просить о различных дарах.

В 14-м стихе говорится: «Ибо когда я молюсь на [незнакомом] языке, то хотя дух мой и молится, но ум мой остается без плода». Неправильное истолкование некоторыми людьми этого стиха становится причиной ряда проблем.

Чтобы мы вошли в дух, нам следует молиться. Мы становимся людьми духа, избавляясь от плотских помышлений, через молитвы. Нам необходимо говорить на языках, чтобы молиться. Говорение на языках помогает нашей молитве укрепить нас и войти в дух.

Конечно же это не означает, что мы не сможем достичь определенного духовного уровня, если не говорим на языках.

Тот, кто получил Святого Духа и с помощью Святого Духа познал истину, тот станет человеком духовным, поскольку истина – его духовный хлеб. Святой Дух знает все о каждом из нас. Дух знает наши недостатки, события, которые предстоят, дает надежду на жизнь будущую. Святой Дух также знает волю Божью.

Но вы не должны думать: «Я получил Святого Духа, и дух у меня живой, поэтому я полностью познаю сердце и волю Божью».

Например, маленькие дети говорят, что знают своих мам и пап, однако, в основном, они знают только то, что мама и папа дали им жизнь. А более взрослые дети, имея больше информации о своих родителях, лучше понимают их. Дети знают, в каком городе они родились, какое получили образование, сколько им лет, в определенной степени знают, какой у них характер.

По аналогии с этим, мы настолько понимаем сердце и волю Бога, насколько сами являемся людьми духа. Наш дух познает эти ценности не сам по себе, а с помощью Святого Духа, по мере того как мы вооружаемся истиной.

Предположим, что в школе вы выучили математическую формулу. Учитель может объяснить нам, как применить эту формулу, чтобы решить задачу. Однако помощь учителя возможна лишь при условии, что мы знаем эту формулу. Если мы не выучили ее, то педагог не сможет объяснить, как эффективно использовать ее. Даже если нам дадут уже решенную задачу, мы не сможем понять ее.

Почему же, когда мы молимся на языках, наш разум остается без плода?

Когда мы молимся на языках, мы не молимся о желаниях, которые занимают наш ум. Когда мы молимся всем своим сердцем, мы молимся о том, в чем испытываем нужду, об исцелении от болезней или решении проблем в бизнесе. Молитва сердца – это прошение об исполнении желаний нашего сердца. Однако дух не просит о подобных вещах.

Молясь на языках, мы не сможем ходатайствовать о том, чтобы нам был дарован новый дом, и не будет просить об исцелении от болезней. Наш дух не будет молиться Богу о том, чтобы нам был дарован хлеб, даже если мы голодны.

Мы так и не узнаем, молится ли дух в нас о хлебе или нет, даже если мы будем молиться на языках весь день. Так как мы сами не знаем, о чем мы молимся, желания нашего сердца могут не осуществиться.

Молитва на языках просто помогает преуспевать нашей душе. Намного важнее, чем просить хлеба, просить о преуспевании наших душ, потому что мы будем здравствовать и преуспевать во всем так же, как преуспевает наша душа. В конечном счете, если наша душа, молясь духом, будет преуспевать, то все наши физические потребности будут удовлетворены.

Каковы преимущества молитвы на языках?

Итак, прежде чем продолжить, давайте суммируем преимущества молитвы на языках.

Во-первых, она ведет нас в молитве к тому, чтобы стать людьми духа.

Во-вторых, она помогает нам в наших физических слабостях.

Если мы с помощью Святого Духа молимся на языках, то наше тело наполняется Святым Духом и наши тела постепенно преобразуются в духовные тела. Тогда мы сможем преодолевать физическую усталость. Когда мы не наполнены Духом, мы можем чувствовать усталость. Но если мы работаем для Бога, будучи исполненными Святым Духом, то мы не чувствуем усталости. Кроме того, в нас есть некая сущность, которая тяготеет только к вещам видимым, только к ценностям этого мира. Это наша сущность побуждает нас к совершению греха. Однако, если мы молимся на языках, мы можем освободиться от этих плотских качеств, победить их.

В-третьих, она помогает открыться нашим духовным глазам, дает нам полноту Духа и хранит наше сердце в чистоте.

Если наши духовные глаза закрыты, мы будем склоняться к жизни во тьме. Если мы грешим, то нам не удастся сохранить свои тела чистыми и непорочными. Но если мы, молясь на языках, стали людьми духа, у нас будут открыты духовные глаза, и мы сможем отвратиться от грехов и сохранить свои тела в чистоте и непорочности.

В-четвертых, она дает нам возможность узнать о грядущем.

Если мы, горячо молясь, наполняемся Духом, пребываем в Слове Божьем, то мы можем также и предвидеть грядущие события. Например, предположим, что мы куда-то пошли, но вдруг начинаем нервничать и чувствуем желание вернуться. И, вскоре после возвращения, мы узнаем о том, что там, куда мы направлялись, произошло несчастье.

Или предположим, что вы ждете автобус, и когда он приходит, вы чувствуете, что вам не хочется садиться в него. Поэтому вы остаетесь ждать следующего автобуса. А позже вы узнаете, что предыдущий автобус попал в дорожно-транспортное происшествие. Таким образом, будучи в полноте Святого Духа, Который позволяет душе преуспевать во всем, можно избежать многих происшествий и несчастий.

В-пятых, она помогает нам ближе общаться с Богом.

Чем более духовным становится человек, тем ближе его общение с Богом. Маленькие дети просто принимают родительскую любовь, но, став старше, они начинают понимать сердца своих родителей, и они стараются сделать им что-нибудь приятное. Так и мы можем полнее исполнить волю Божью, имея близкое общение с Богом через молитву на языках.

В-шестых, она наполняет нас верой и надеждой на жизнь грядущую.

Допустим, два человека начали посещать церковь в один и тот же день. Вскоре один из них, получив дар иных языков, усиленно молится, тогда как другой просто приходит в церковь, не обретая духовного опыта.

Если сравнить их спустя год, то, несмотря на то, что они вместе приходили на служения и вместе молились, у того, кто молился на языках, будет больше надежды на Царство Небесное и крепче вера. Это объясняется тем, что он наполнен Святым Духом и у него, благодаря помощи Святого Духа, есть различные преимущества, которые он обрел, молясь на языках.

«Что же делать? Стану молиться духом, стану молиться и умом; буду петь духом, буду петь и умом» (14:15).

Молитва на языках без молитвы умом не позволяет сердцу принести плоды. Кроме того, если наша душа не преуспевает, то мы, молясь сердцем и умом, можем не получить ответ. В такой ситуации мы можем растеряться, не зная, что делать. Апостол Павел дает нам хороший ответ на вопрос, как быть в подобной ситуации.

А именно, нужно молиться и умом, и духом. Как правило, если мы молимся только мысленно, мы не сможем молиться долго. Кто не привык молиться, может и не найти достаточно тем для молитвы. В этом случае они могут молиться в духе. Когда мы молимся в духе, мы должны избавиться от праздных мыслей и сконцентрироваться на самой молитве на языках. Спустя какое-то время мы можем вновь начать молиться умом. Почувствовав, что продолжать молиться нам несколько сложно, мы можем вновь начать молиться на языках. Мы можем переключаться с молитвы сердца и ума на молитву на языках в духе.

Петь духом и петь умом

Далее говорится: «Буду петь духом, буду петь и умом». Петь духом и петь умом – это разные вещи. Здесь имеются в виду пение песен хвалы и поклонения о красоте и силе Бога с выражением Ему своей благодарности.

Когда мы глубже входим в молитву на языках, мы можем начать петь по вдохновению Святого Духа. Как правило, мы поем: «Я приношу свою хвалу тебе, Вечный Бог. Я радуюсь и благодарю Тебя».

Во времена, когда я учился в теологическом колледже, я всю ночь молился в церкви, которую посещал. Иногда по вдохновению Святого Духа я начинал петь, и мое тело тоже начинало двигаться в такт прославлению. Мои руки поднимались вверх без моего ведома, и я начинал танцевать.

Если мы глубоко войдем в молитву, то будем не только петь, но и танцевать под водительством Святого Духа, и если мы достигнем еще более высокого уровня, то начнем говорить на языке силы Божьей. Представим себе такую ситуацию: вы столкнулись с грабителями. Тогда вы немедленно начнете говорить на «языке силы». Сатана уйдет прочь, и руки грабителей могут быть на мгновение парализованы, или же они изменят свое решение и уйдут, так что с вами не произойдет ничего плохого, и вы не пострадаете. Духовный мир бесконечен.

Апостол Павел много молился на языках

> «Ибо если ты будешь благословлять духом, то стоящий на месте простолюдина как скажет: „аминь" при твоем благодарении? Ибо он не понимает, что ты говоришь. Ты хорошо благодаришь, но другой не назидается. Благодарю Бога моего: я более всех вас говорю языками; но в церкви хочу лучше пять слов сказать умом моим, чтобы и других наставить, нежели тьму слов на [незнакомом] языке» (14:16-19).

Молитва в духе помогает нашей душе преуспевать, но это не означает, что, молясь на языках, мы совсем не будем молиться за других. Но если даже мы и молимся за других, они не поймут молитву без толкования, поэтому не будут назидаться, и пользы она не принесет. И еще: когда ваш дух молится, чтобы благословить кого-то, но человек этого не понимает, он не может с благодарностью принять благословение, сказав «аминь».

Однако это не означает, что вам не следует молиться на языках. Мы должны как можно больше молиться на языках, потому что это благодатно для нашего духа, хотя и наш ум остается без плода.

Апостол Павел более других говорил языками. Некоторые люди неверно понимают 14-ю главу Первого послания к Коринфянам и учат, что мы не должны молиться на языках, потому что в этом нет для нас пользы. Допуская возможность возникновения такого недопонимания, апостол Павел подчеркнул, что мы должны больше молиться на иных языках, сказав: «Благодарю Бога моего: я более всех вас говорю языками».

Его слова «я более всех вас говорю языками» означают, что он молился на языках с большим весом, с большей глубиной и на более высоком уровне, чем кто-либо из членов Коринфской церкви, и что он проводил в молитве много времени. Павел сказал о своей благодарности Богу за то, что он более всех молился на языках, имея в виду и количество, и качество молитв.

И чтобы предостеречь людей от неверного толкования, к примеру, такого: «Я должен молиться только на языках, как апостол Павел», он дает подробные объяснения по этому вопросу. Он сказал, что лучше пять слов сказать умом своим, чтобы наставить других, чем десять тысяч слов на языках.

Допустим, что я буду проповедовать только на иных языках, не говоря на языке, понятном всем. Прихожане в этом случае смогут понять проповедь, только если она будет истолкована. Это послание будет абсолютно бесполезным без толкователя языков. Поэтому нам следует много молиться и умом, и на языках.

Сравнение языков и пророчества

«Братия! не будьте дети умом: на злое будьте младенцы, а по уму будьте совершеннолетни» (14:20).

В чем разница между разумностью трехлетнего ребенка и 20-летнего молодого человека?

Духовные послания не понятны трехлетним детям, да даже и учащимся начальной школы. Поэтому нам нужна мудрость зрелая, а не младенческая. Но что касается того, что мудрость исходит от неправды, то в ее понимании нам лучше быть подобными младенцам. Вот что означает «на злое будьте младенцы».

Чем старше дети, тем более они опорочены злом. Зло в двухлетнем ребенке и зло в пятилетнем – это разные вещи; разница будет ощутима и между тем, когда ему исполнится десять и когда – 20. С возрастом дети вбирают в себя все больше и больше зла. Поэтому в познании зла мы должны быть, как младенцы.

Это, конечно же, не означает, что в маленьких детях совсем нет зла. В них есть первородный грех, унаследованный от родителей. И все же маленькие дети чисты и сравнительно послушны своим родителям.

Мы также должны стать младенцами на злое и быть послушными Слову Божьему. В то же самое время мы должны искоренить в себе неправду и зло, которые были заложены в нас в период взросления.

Когда мы познаём Слово истины и начинаем избавляться от зла, законы плоти и законы Святого Духа восстают друг против друга, и мы можем почувствовать тяжесть от этой борьбы. В этой ситуации есть легкий путь избежать такой борьбы. Путь этот – послушание Слову Божьему, которое избавит нас от зла. Мы должны изо всех сил противостать ему, если не хотим грешить.

Предположим, что вы пытаетесь бросить пить, однако все еще привязаны к своим старым друзьям, с которыми вместе пили. Не исключено, что вы подумаете о возможности возникновения проблемы в бизнесе в случае, если вы не станете пить за компанию с руководителем и сослуживцами. Вы думаете, что появятся проблемы в общении с коллегами или друзьями. Если так, то все эти оправдания и старое окружение не дадут вам бросить пить.

Если вы действительно примете решение следовать истине и угождать Богу, то Святой Дух поможет вам, и бросить пить будет не трудно. Все это зависит от того, насколько твердо ваше решение. То же самое относится и к другим грехам.

В Притчах, 9:10, говорится: *«Начало мудрости – страх ГОСПОДЕНЬ...»*. Почему страх ГОСПОДЕНЬ является началом мудрости? Если вы боитесь и почитаете кого-либо, то вы можете доверять его слову и подчиняться ему. Точно так же, боясь Бога, вы можете доверять Ему и проявлять послушание. Исполняя Его заповеди, вы можете избавиться от неправды и вместо нее наполнить себя истиной, чтобы стать освященными.

В Послании Иакова, 3:17, говорится: *«Но мудрость, сходящая свыше, во-первых, чиста...»*. Чистота, которая и является освящением, – это первое условие, при соблюдении которого можно получить мудрость Свыше. Если вы стали освященными, то получите мудрость Свыше, и вот почему страх ГОСПОДЕНЬ является началом мудрости. Павел говорит нам, что мы не должны быть младенцами в познании мудрости Свыше, а на злое должны быть младенцами.

Почему языки – знамение для неверующих?

«В законе написано: „иными языками и иными устами буду говорить народу сему; но и тогда не послушают Меня, говорит Господь". Итак, языки суть знамение не для верующих, а для неверующих; пророчество же не для неверующих, а для верующих» (14:21-22).

Под словами «народу сему» подразумеваются люди, ожесточившиеся сердцами (Кн. пророка Исаии, 28:10-12). И сегодня есть множество людей, которые не слушают Его, потому что у них ожесточенные сердца. И «языки» – это знамение для таких людей.

Но вы не должны ошибаться относительно этого утверждения, думая: «В таком случае, говорение на языках – это только для неверующих». Тут под «неверующими» имеются в виду те, кто не верят, но находятся в среде верующих. Они посещают церковь, но до конца не верят, в душе у них есть сомнения. Они получили Святого Духа, но их вера колеблется, и они не растут в вере. Они относятся к числу тех, у кого вера подобна знаниям. Говорение на языках – для таких людей.

Если такие люди получат дар говорения на языках и будут усердно молиться на языках, то они возрастут в вере. Вот почему дар говорения на языках – для неверующих.

Сказано, что пророчества не для неверующих, а для верующих. Почему же это так? По мере того как растет наша вера, мы все больше жаждем пророчеств. Пророчества позволяют нам осознать то, что прежде мы понять не могли. Те, в ком есть вера, будут послушны пророчеству и смогут глубже войти в дух. Так что пророчества предназначены для верующих.

«Если вся церковь сойдется вместе, и все станут говорить [незнакомыми] языками, и войдут к вам незнающие или неверующие, то не скажут ли, что вы беснуетесь?» (14:23)

Если вся церковь соберется вместе и будет говорить на иных языках, то те, у кого нет этого дара, а также и неверующие, не будут понимать их. В этом случае они могут подумать, что пришли в неправильное место.

Поэтому, живя христианской жизнью, мы должны уметь контролировать себя и вместе с тем не провоцировать ненужные гонения против себя. Мы также должны дать возможность новообращенным верующим глубже понять эти вещи, чтобы не возникло препятствий или остановок в распространении Евангелия.

Польза пророчеств

«Но когда все пророчествуют, и войдет кто неверующий или незнающий, то он всеми обличается, всеми судится. И таким образом тайны сердца его обнаруживаются, и он падет ниц, поклонится Богу и скажет: „истинно с вами Бог"» (14:24-25).

Пророчество – это знамение для верующих, но оно также приносит пользу и неверующим. Это положительная сторона пророчества.

Через пророчества каждый может получить достоверный и точный совет или услышать обличение и понять, что Бог действительно существует. А те, кто обладают хотя бы мало-мальски добрым сердцем, услышав пророчества, подумают: «Откуда он так хорошо знает мое сердце? С ним, должно быть, Бог». И они могут покаяться и принять Иисуса Христа.

Для того чтобы понять пророчество, мы должны принимать во внимание два аспекта: один – для верующих, а другой – для неверующих. Не каждый, кто услышал пророчество, познает Бога и покается. Когда Стефан указал грешным людям на их грехи, они забили его камнями до смерти (Деяния, глава 7-я). Люди с благим сердцем покаются, а те, в ком есть зло, слыша пророчества, начнут критиковать его.

В пророчествах есть и позитивные, и негативные моменты: порочные люди станут гнать пророков, тогда как благие признают существование Бога, и верующие смогут быстрее возрасти в вере.

Делайте все с целью назидания

«Итак, что же, братия? Когда вы сходитесь, и у каждого из вас есть псалом, есть поучение, есть язык, есть откровение, есть истолкование, – все сие да будет к назиданию» (14:26).

В церкви проводится множество разных собраний, в частности воскресные богослужения, служения в ячейках, молитвенные собрания. Когда мы собираемся во имя Господа, мы поем песни прославления Богу и учим Слово. Мы также получаем откровения и дар говорения на языках.

Все это делается по воле и заповедям Божьим. Итак, когда мы собираемся, должно быть и прославление, и Слово, и откровение, и языки, и толкование языков. Нам не следует делать только что-то одно или что-то другое из перечисленного; мы должны делать все, и все, что мы делаем, должно быть к назиданию. Этот стих дан для того, чтобы мы могли использовать дары Божьи без всякого замешательства.

О говорении на языках уже было сказано выше. Теперь же позвольте мне поговорить об «откровении».

Что такое «откровение»?

Сегодня, если пастор говорит, что он получил откровение, многие люди скажут, что пастор ошибается и им не следует посещать его церковь. Они говорят так, потому что недостаточно хорошо знают Слово Божье.

Интернет-словарь *«Мерриэм-Уэбстер»* определяет слово «откровение» как нечто, открытое Богом для людей.

Те, кто принимают Иисуса Христа, получают Святого Духа. И то, что Святой Дух дозволяет верующим узнать, – это откровение. В Послании к Римлянам, 8:14, говорится: *«Ибо все, водимые Духом Божиим, суть сыны Божии»*. Так что, вполне естественно, что верующие общаются с Богом в духе и получают Его водительство.

Апостол Павел сказал: *«Возвещаю вам, братия, что Евангелие, которое я благовествовал, не есть человеческое, ибо и я принял его и научился не от человека, но через откровение Иисуса Христа»* (Посл. к Галатам, 1:11-12). Знания Евангелия, которое Павел проповедовал, не были получены через человека или вычитаны в какой-либо книге, он получил их через откровение Иисуса Христа.

В Евангелии от Матфея, 11:27, Иисус также сказал: *«Все предано Мне Отцом Моим, и никто не знает Сына, кроме Отца; и Отца не знает никто, кроме Сына, и кому Сын хочет открыть».*

В Откровении, 1:1-3, написано: *«Откровение Иисуса Христа, которое дал Ему Бог, чтобы показать рабам Своим, чему надлежит быть вскоре. И Он показал, послав [оное] через Ангела Своего рабу Своему Иоанну, который свидетельствовал слово Божие, и свидетельство Иисуса Христа и что он видел. Блажен читающий и слушающие слова пророчества сего и соблюдающие написанное в нем; ибо время близко».*

Все, что на небе и на земле, было создано во имя Иисуса Христа, и откровение тоже дается Иисусом Христом. Вот почему Господь – Царь царей и Господь господствующих.

Что значат слова «ибо все пророки и закон прорекли до Иоанна»

Некоторые утверждают, что в Библии говорится, что все откровения закончились на Иоанне Крестителе, поэтому сегодня мы не можем получить откровение. Но это неверное толкование данного стиха. В Евангелии от Матфея, 11:13, говорится: *«Ибо все пророки и закон прорекли до Иоанна».* Тут говорится не об откровении, а о пророчествах. Пророчества, в основном, предрекают будущее, но в Евангелии от Матфея, в 11-й главе, слово «пророчество» имеет другой смысл. Что же тогда оно означает?

Ветхий Завет говорит о нашем Спасителе Иисусе Христе, Который должен был прийти. Израильтяне очень ждали появления Мессии. И все пророки до Иоанна Крестителя предрекали, что Мессия, Спаситель Иисус, грядет, чтобы спасти нас.

В Послании к Евреям, 10:1, говорится: *«Закон, имея тень будущих благ, а не самый образ вещей...»*. И в Евангелии от Иоанна, 5:39, Иисус также сказал: *«Исследуйте Писания, ибо вы думаете чрез них иметь жизнь вечную; а они свидетельствуют о Мне»*.

Таким образом, пророчества закончились на Иоанне Крестителе, который приготовил путь грядущему Спасителю – Господу. Однако нам не следует неверно истолковывать суть приведенного выше стиха, полагая, что мы не можем получать сегодня откровения.

В Послании к Ефесянам, 3:3, сказано: *«Потому что мне через откровение возвещена тайна (о чем я и выше писал кратко)»*. Мы можем предвидеть будущее через откровение. И в Книге пророка Амоса, 3:7, также говорится: *«Ибо Господь Бог ничего не делает, не открыв Своей тайны рабам Своим, пророкам»*. Тут сказано, что Бог обязательно покажет грядущее Своим возлюбленным служителям и детям.

Иисус Христос все Тот же и 2.000 лет назад, и сегодня

(Посл. к Евреям, 13:8). Кроме того, Новый Завет – это эра, в которой мы получили прощение грехов и, благодаря работе Святого Духа, можем иметь более ясные знания о Боге и общение с Ним. А получив через общение с Богом откровение, мы сможем правильно рассказать о воле Божьей и сердце Его.

> «Если кто говорит на [незнакомом] языке, [говорите] двое, или много трое, и то порознь, а один изъясняй. Если же не будет истолкователя, то молчи в церкви, а говори себе и Богу» (14:27-28).

Когда двое или трое говорят на языках, то кто-то одновременно должен истолковывать сказанное ими. Но Павел не говорит, что они не должны говорить на языках, если у них нет истолкователя; в этом случае нужно просто молиться Богу. Павел сказал им молчать в церкви, потому что они должны говорить на языках не беспорядочно, где придется, а сохраняя порядок и гармонию.

Если мы молимся в тишине, а кто-то заговорит на языках, то это может вас отвлечь от молитвы. И еще: вы не должны сами с собой говорить на языках во время богослужения. Когда служитель, открывающий собрание, дает молитвенную тему, к примеру, молиться о строительстве церкви, тогда вы должны молиться об этом в согласии со всеми. В такой ситуации, если вы будете молиться на языках сами по себе, это не послужит к назиданию.

Но на молитвенном собрании и когда все молятся за свои личные нужды, вы свободно можете молиться на языках. Говоря на иных языках, мы должны знать место и время, когда нам следует делать это.

Порядок в пророчестве

«И пророки пусть говорят двое или трое, а прочие пусть рассуждают. Если же другому из сидящих будет откровение, то первый молчи. Ибо все один за другим можете пророчествовать, чтобы всем поучаться и всем получать утешение» (14:29-31).

Если соберется большое количество пророков и они начнут беспорядочно пророчествовать, то это только создаст путаницу. Когда тех, кто пророчествует, много, то сначала должен сказать свое пророчество один, а затем другой, то есть по порядку.

Пока говорится пророческое слово, люди должны распознать – истинное ли оно. А распознавать им следует по Слову Божьему, потому что пророчество может быть ошибочным и исходить от сатаны.

Если кто-то еще получит откровение в то время, как вы пророчествуете, то вы должны спокойно выслушать его, ибо долготерпение и воздержание относятся к числу Девяти плодов Святого Духа, и есть только Один Святой Дух. Если вы просто продолжите пророчествовать, то нарушите порядок, а это только породит неразбериху. Вам не следует стремиться к тому, чтобы пророческое слово исходило только от вас. Если пророческое слово дано разным людям, то они по очереди, в отведенное для них время, тоже могут поделиться им.

> «И духи пророческие послушны пророкам, потому что Бог не есть [Бог] неустройства, но мира. Так [бывает] во всех церквах у святых» (14:32-33).

Если кто-то еще получает пророчество в то время, когда вы пророчествуете, то вы тут же должны взять себя под контроль. Если тот, кто получил эти дары, сохраняет мир и порядок, то новообращенные, поняв, каким должен быть порядок в церкви, могут получить благодать. Если те, кто получили дары Святого Духа, пренебрегают порядком и ведут себя грубо, то их действия не только не послужат к назиданию, но и вызовут замешательство. Мы должны искать Царства Божьего и правды Его в любви и мире.

Духовное значение слов «жены ваши в церквах да молчат»

«Жены ваши в церквах да молчат, ибо не позволено им говорить, а быть в подчинении, как и закон говорит» (14:34).

Некоторые истолковывают эти стихи буквально и лишают женщин права говорить, не дают им никих позиций в церкви. Но каков на самом деле духовный смысл этого стиха?

Чтобы понять этот стих, необходимо начать с основ.

В Бытии, 3:16, говорится: *«Жене [Бог] сказал: умножая, умножу скорбь твою в беременности твоей; в болезни будешь рождать детей; и к мужу твоему влечение твое, и он будет господствовать над тобою».*

Вначале, когда Бог создал женщину, Он не говорил, что мужчина должен господствовать над ней. Бог сказал, что мужчина будет господствовать над ней после того, как на женщину легло проклятие. Ведь это женщина поддалась на обман и съела плод с дерева познания добра и зла, и это женщина дала своему мужу запретный плод и заставила его согрешить.

Конечно же мужчина тоже был грешником, потому что он тоже ел запретный плод. Но поскольку женщина, первой вкусив плод, дала его мужу, на ней был больший грех. Это основополагающая причина того, почему женское сердце часто бывает менее стойким, чем мужское. Страхов и сомнений в них больше, чем у мужчин. В иносказательный образ женщины, который использован здесь, вложен духовный смысл.

Имеются в виду те, кто живут в неправде

В стихе из Первого послания к Коринфянам, который приводился выше, слова о том, что женщины должны молчать в церкви, были адресованы людям, в сущности которых есть неправда, в частности легкомыслие и лукавство. Здесь под словом «женщины» не имеются в виду представительницы женского пола, которые свято веруют в Бога. Оно относится к тем, кто только начал посещать церковь и не совсем еще пребывает в истине.

Духовный смысл этого стиха заключается в том, что люди, исполненные неправдой, должны молчать в церкви, потому что они оказывают такое же негативное влияние на церковь, как и обольщенная сатаной женщина, которая заставила своего мужа согрешить. Павел хотел, чтобы они были послушны и стали верными служителями и детьми Божьими, пользующимися благоволением Бога.

Если эти люди не станут молчать, то работа сатаны только усилится. Если тем, кто не живет по Слову Божьему, дать возможность говорить в церкви, то они будут распространять слова неправды, критиковать и дезинформировать остальных. К тому же они заблуждаются, с легкостью судят и осуждают других, ведут себя беспечно. Может ли тогда в церкви быть мир?

Этим людям нужно не на своем мнении настаивать, а усердно повиноваться Слову.

Тогда, наполнившись истиной, они изменятся, и в итоге смогут стать «святыми», которых признает Бог. «Святые» – это группа безгрешных людей, которые следуют по Божьему пути и молча соблюдают порядок в церкви. Так как сказано, что послушание лучше жертвы (1-я кн. Царств, 15:22), то они лишь подчиняются Богу, следуя порядку, а не настаивая на своем мнении.

Таким образом, мы не должны говорить, что женщинам, которые живут в истине, следует молчать в церквях только потому, что в этом стихе говорится: «Жены ваши в церквах да молчат». Ныне, так же как и прежде, Бог использует женщин, если они мужественнее мужчин, если в них сильнее вера и они больше любят Бога. Девора была известной судьей, и было множество других пророчиц, которые доводили до людей слово от Бога. То же самое происходит и сегодня. Если у женщин вера крепче, они могут быть лидерами.

> «Если же они хотят чему научиться, пусть спрашивают [о том] дома у мужей своих; ибо неприлично жене говорить в церкви» (14:35).

Собравшись вместе, верующие, которые живут в истине, молятся, славят Бога, общаются в истине и говорят слова благословения. Однако большинство из тех, кто живет в неправде, клевещут на людей и ищут собственной выгоды.

Если эти люди соберутся вместе в церкви, то сколько же проблем и козней сатаны они спровоцируют в церкви!? Заботясь об этом, Господь учит нас хранить молчание.

Что же тогда означают слова: «Если же они хотят чему научиться, пусть спрашивают [о том] дома у мужей своих»? Это порядок, установленный в истине. Бог создал мужчину главой женщины. И глава мужчине – Христос, а Христу глава – Бог (1-е посл. к Коринфянам, 11:3). В духовном смысле, слова о том, что женщины должны спрашивать у своих мужей, означают, что они должны спрашивать у Господа, а повиноваться мужу, а значит – быть послушной Господу.

Итак, смысл этих стихов в том, что люди, не имеющие духовных познаний, должны стать послушными Христу, Кто есть глава церкви. Когда они сделают это, тогда в церкви будет поддерживаться порядок, ее члены смогут объединиться и обрести Царство Небесное и праведность Бога.

Все должно делаться благопристойно и чинно

«Разве от вас вышло слово Божие? Или до вас одних достигло? Если кто почитает себя пророком или духовным, тот да разумеет, что я пишу вам, ибо это заповеди Господни. А кто не разумеет, пусть не разумеет» (14:36-38).

Почему Павел так пишет? Те, кто не укоренились в истине, не испытывают стыда, хвалясь собой.

На самом деле, хвалиться собой – это нечто постыдное. Верующие стараются проявлять смирение, служить другим и дарить любовь. Они не стремятся выставить себя напоказ. Те, кто служат другим щедро и с любовью, будут пользоваться любовью окружающих. И наоборот, люди отстраняются от тех, кто превозносит себя над всеми и заставляет других служить им.

Поэтому апостол Павел говорит членам Коринфской церкви, которые были горды собой, что им следует стыдиться того, что они не живут полностью в истине.

В 37-м стихе говорится: «Если кто почитает себя пророком или духовным, тот да разумеет, что я пишу вам, ибо это заповеди Господни».

Если бы члены Коринфской церкви были пророками или духовными людьми, они бы поняли, что учение апостола Павла было Словом Божьим, и повиновались бы ему, следуя истине. И, кроме того, если бы они на самом деле знали заповеди Господа и покорялись им, то Павлу не нужно было бы говорить подобных вещей. Но они так не делали, и поэтому Павлу пришлось сказать им все это.

На самом деле, он говорил: «Вы называете себя пророками, но это не так. Вы считаете себя духовными, но вы ими не являетесь». Люди духовные должны знать, что все послания, которые написал Павел, были заповедями Господа.

А что же тогда он имел в виду, сказав: «А кто не разумеет, пусть не разумеет»?

Кто не живет по Слову Божьему, тот не знает духовного мира. Только когда мы молимся и избавляемся от грехов и когда живем по Слову Божьему, мы можем достичь определенного уровня духовности. Но даже притом, что человек долгое время посещает церковь, он не сможет познать духовного мира без повиновения Слову и молитв. Разве может человек, не познавший духовных ценностей, быть рассудительным?

Такой человек подумает, что послание Павла – это просто некое письмо, в котором содержатся слова человека.

> «Итак, братия, ревнуйте о том, чтобы пророчествовать, но не запрещайте говорить и языками; только все должно быть благопристойно и чинно» (14:39-40).

Бог не говорит, что нам не следует пророчествовать, напротив, у нас должно быть желание делать это. Это Слово Божье. Но сегодня, слыша пророчества, некоторые, не разобравшись, сразу говорят, что это неправда. Конечно же есть множество лжепророчеств. Но есть и истинные пророчества, и поэтому мы не можем без разбора называть неверными все пророчества. Кроме того, нам не следует запрещать говорить на языках. Стремление запретить – работа сатаны, который восстает против истины.

«Все должно быть благопристойно и чинно» – эти слова означают, что все следует делать аккуратно, пристойно, в соответствии с установленным порядком. Бог говорит, что мы должны пророчествовать, соблюдая надлежащий порядок. Наш Бог – Бог порядка, мира и справедливости. Следовательно, все, что делается, должно делаться чинно, благопристойно, согласно порядку.

Глава 15

Воскресение

— Воскресший Христос
— Кто я есть по благодати Божьей
— Говорить, что нет воскресения мертвых
— Христос есть Первенец
— Крещение для мертвых
— В Царстве Небесном слава у всех разная
— Воскресение мертвых
— Мы изменимся при последней трубе

Воскресший Христос

«Напоминаю вам, братия, Евангелие, которое я благовествовал вам, которое вы и приняли, в котором и утвердились, которым и спасаетесь, если преподанное удерживаете так, как я благовествовал вам, если только не тщетно уверовали» (15:1-2).

Представим себе, что пастор проповедует в своей церкви Евангелие, то есть он учит паству Слову истины. Паства принимает это Слово и возрастает в духе.

И допустим, что этот пастор проповедует Слово Божье, которое говорит нам, что мы не можем ненавидеть, что врагов своих нужно любить, и члены церкви принимают это Слово в свое сердце и стараются ни к кому не испытывать ненависти. Проповедь, которую принимают и которой усердно стараются следовать, соответствует словам: «Напоминаю вам, братия, Евангелие, которое я благовествовал вам, которое вы и приняли...». И если слушавшие ее избавятся от ненависти и не станут больше проявлять ее к другим, то это будет означать, что они утвердились в Слове, которое им было проповедано.

Апостол Павел сказал, что если мы храним Слово Божье в своем сердце и реально живем по нему, то мы не тщетно уверовали. Если же за тем, что мы приняли Слово, не последует действий, то это значит, что наша вера мертва и мы напрасно уверовали.

Мы будем спасены, если приняли Слово Божье и твердо держались его; в противном случае, мы не получим спасения. Сегодня некоторые учат, будто бы мы можем получить спасение, просто посещая церковь, взывая к Господу и провозглашая: «Господь, я верю!» Но Библия вовсе не поддерживает эту идею. В ней говорится, что спасение можно получить, только исполняя волю Небесного Отца (От Матфея, 7:21).

«Ибо я первоначально преподал вам, что и [сам] принял, [то есть], что Христос умер за грехи наши, по Писанию, и что Он погребен был, и что воскрес в третий день, по Писанию...» (15:3-4).

Апостол Павел сказал, что он преподает то, что Сам Господь открыл ему. Во многих местах Библии упоминается о том, что придет Спаситель и Он умрет за наши грехи.

В Книге пророка Исайи, 53:4-6, говорится: *«Но Он взял на Себя наши немощи и понес наши болезни; а мы думали, [что] Он был поражаем, наказуем и уничижен Богом. Но Он изъязвлен был за грехи наши и мучим за беззакония наши; наказание мира нашего [было] на Нем, и ранами Его мы исцелились. Все мы блуждали, как овцы, совратились каждый на свою дорогу: и ГОСПОДЬ возложил на Него грехи всех нас».*

Этот отрывок – об Иисусе, это Он взял на себя все наши немощи. В Книге пророка Исайи, 53:11, также сказано: *«На подвиг души Своей Он будет смотреть с довольством; чрез познание Его Он, Праведник, Раб Мой, оправдает многих и грехи их на Себе понесет».* Верой мы получаем прощение грехов и оправдание и становимся детьми Божьими. И чем больше мы живем по Слову Божьему с верой, тем более праведными мы можем стать.

Есть множество стихов в Библии, которые указывают на то, что Иисус воскреснет на третий день. В Псалме, 17:10, говорится: *«Ибо Ты не оставишь души моей в аде и не дашь святому Твоему увидеть тление».*

Еванегелие от Матфея, 12:40, гласит: *«Ибо как Иона был во чреве кита три дня и три ночи, так и Сын Человеческий будет в сердце земли три дня и три ночи».* Здесь под «сердцем земли» подразумевается Могила. Как написано, Иисус умер на кресте в Пятницу, оставался в Могиле три дня и воскрес ранним утром в Воскресенье.

«...И что явился Кифе, потом Двенадцати;

потом явился более нежели пятистам братий в одно время, из которых большая часть доныне в живых, а некоторые и почили; потом явился Иакову, также всем Апостолам; а после всех явился и мне, как некоему извергу» (15:5-8).

Кифа – ученик Иисуса, известный нам как Петр. Библия говорит нам о том, что воскресший Господь являлся Своим двенадцати учениками много раз, а потом явился и более чем 500 братиям. Было много свидетелей, видевших нетленное, воскресшее тело Господа.

Когда апостол Павел писал письмо Коринфской церкви, некоторые из них уже умерли, другие все еще были живы. Написано, что «некоторые и почили». Здесь говорится о тех, кто умер, имея веру в Иисуса Христа. Они воскреснут, когда Господь вернется на облаке, и поэтому Павел не говорит, что они умерли, а говорит «почили», или, иначе говоря, «уснули».

Позже воскресший Иисус Христос явился также Иакову. Здесь «Иаков» – это не один из Двенадцати, это другой человек. А слово «Апостолы» в этом случае указывает на других апостолов, а не на Двенадцать и Павла.

В отличие от нынешних дней, во времена Ранней церкви апостолов было много. В духовном смысле, апостол – это человек, полностью преображенный истиной. Он до самой смерти послушен воле Божьей и способен исполнить свой долг. Бог дал им Свою силу являть чудеса и знамения, чтобы их проповедь Евангелия была мощной.

У ребенка, рожденного преждевременно, по сравнению с детьми, появившимися на свет вовремя, и вес тела небольшой, и функции его не вполне развиты. Павел смиренно сравнивает себя с ребенком, преждевременно извергнутым из чрева матери. Когда он был Савлом, он думал, что знает Бога, но у него не было достаточной веры в Него. Он любил Бога всей своею крепостью, исполнял весь Закон Ветхого Завета, но, поскольку у него не было опыта личной встречи с Господом Иисусом, он преследовал и арестовывал христиан. Именно об этом и говорил Павел, со смирением называя себя неким извергом.

Кто я есть по благодати Божьей

«Ибо я наименьший из Апостолов, и недостоин называться Апостолом, потому что гнал церковь Божию» (15:9).

Апостол Павел был величайшим из апостолов. Он воскрешал из мертвых, а в Деяниях, 19:12, говорится, что когда на больных возлагали платки и опоясания с его тела, то злые духи выходили из них и прекращались болезни. Почему же апостол Павел говорит, что он наименьший из апостолов?

До того как он стал апостолом, он преследовал верующих в Иисуса Христа. Ему было очень стыдно за себя, когда он вспоминал о своем прошлом, и именно поэтому он сказал: «...я наименьший из Апостолов».

Он не говорил, что не был апостолом, он лишь назвал себя наименьшим из них. Это показывает, что он сожалел и раскаивался в своем прошлом. Сказанное им также показывает его смирение.

«Но благодатию Божиею есмь то, что есмь; и благодать Его во мне не была тщетна, но я более всех их потрудился: не я, впрочем, а благодать Божия, которая со мною. Итак, я ли, они ли, мы так проповедуем, и вы так уверовали» (15:10-11).

Мы можем трудиться для Бога, потому что Он дает нам благодать. Мы можем усиленно молиться, поститься и проповедовать Евангелие, потому что Он дает нам благодать и силу. Делать все это собственными силами невозможно. Но когда мы стараемся сделать это, Бог дает нам Свою благодать.

То же самое и с намерением избавиться от грехов. Если бы мы могли избавиться от них собственными силами, то Иисусу не пришлось бы проливать за нас Свою Кровь. Надеясь лишь на собственные силы, мы не можем отбросить даже самый малый грех. Когда мы, молясь, делаем все, чтобы стать свободными от грехов, тогда данной нам благодатью и силой Божьей, а также с помощью Святого Духа, мы сможем избавиться от грехов. Нас может очистить от них только Кровь Господа.

Апостол Павел трудился больше других апостолов. Он усердно проповедовал Евангелие, и в ходе своих миссионерских путешествий, куда бы он ни направлялся, он основывал церкви. Он прошел через все возможные способы гонений и издевательств. Его даже называли главарем секты. Жизнь Павла не раз подвергалась угрозе. Его били и заключали под стражу, а он продолжал проповедовать Евангелие.

И он говорит, что все это – благодать Бога, Который был с ним. Те, в ком есть вера, признают благодать Божью. Усердно трудясь, горячо молясь и проповедуя Евангелие, они воздают Богу всю честь и славу.

Библия в Притчах, 3:6, говорит нам: *«Во всех путях твоих познавай Его…»*. Своими силами мы не сможем спасти ни одну душу. Мы не можем сделать этого, просто обладая большими познаниями, славой или общественной властью. Бога радует, когда мы неустанно молимся и трудимся с верой, и Он дарует нам Свою благодать. Только так мы сможем принести плод спасения душ. Такого рода работа принесет нам и Небесные награды.

Вот так, усердно, трудились и проповедовали Евангелие апостол Павел и другие апостолы, а также многие служители Божьи. Благодаря их труду множество людей уверовали в крестный путь, в Воскресение и Второе Пришествие Господа.

Говорить, что нет воскресения мертвых

«Если же о Христе проповедуется, что Он воскрес из мертвых, то как некоторые из вас говорят, что нет воскресения мертвых?» (15:12)

Апостол Павел учит их, как они должны жить в вере, каков порядок в церкви, и говорит о дарах Духа Святого. Мы должны иметь веру и надежду на воскресение, чтобы хорошо исполнять свои обязанности. Вот почему в 15-й главе Первого послания к Коринфянам Павел говорит о вере и воскресении.

В то время были некоторые люди, которые говорили, что Господь не воскрес, ибо такое невозможно. Фарисеи тоже верили в «дух», а саддукеи – нет. Они думали, что с прекращением физической жизни все закончится.

Сегодня неверующие думают, что жизнь на этой земле – это все. Однако в глубине души они не могут уверенно отрицать существование грядущей жизни и Суда, поэтому вначале, совершая греховные поступки, люди испытывают страх. Но если продолжать грешить, то сердце все больше и больше ожесточается, и у человека пропадает даже страх. Таким людям очень трудно принять Иисуса Христа, когда им проповедуется Евангелие.

«Если нет воскресения мертвых, то и Христос не воскрес; а если Христос не воскрес, то и проповедь наша тщетна, тщетна и вера ваша. Притом мы оказались бы и лжесвидетелями о Боге, потому что свидетельствовали бы о Боге, что Он воскресил Христа, Которого Он не воскрешал, если, [то есть], мертвые не воскресают...» (15:13-15).

Господь пришел на эту землю, чтобы через Свое воскресение искупить нас от греха и дать нам жизнь вечную. Если бы Он не воскрес, то и мы не смогли бы воскреснуть. О Воскресении Господа мы можем узнать из Библии, и этот факт подтверждается также историей человечества.

Мы знаем тех, кто были учениками Иисуса. В ночь перед распятием Иисуса все они разбежались от страха. И даже Петр, кто был, казалось бы, самым храбрым из двенадцати учеников, сказал, что не знает Его и отрекся от Иисуса три раза.

Но как же они изменились после того, как стали свидетелями Воскресения Господа! Даже в условиях отчаянных гонений они смело, безо всякого страха проповедовали Евангелие. Они были обезглавлены, распяты, их даже бросали в кипящее масло. И так резко они изменились потому, что стали свидетелями Воскресения Господа. Они своими глазами видели раны на руках и теле воскресшего Господа. Впоследствии их проповедь Евангелия привела к Богу Римскую империю, Благая Весть распространилась по всему миру.

Если бы Христос не воскрес, то мы бы выглядели просто глупцами. Тогда наша проповедь оказалась бы тщетной, а мы бы лжесвидетельствовали. Но поскольку воскресение – это факт, то глупыми нас не назовешь и работа наша не тщетна.

Если бы не было воскресения из мертвых, то Бог не воскресил бы Иисуса Христа. Бог сделал это, чтобы каждый верующий в Иисуса Христа, умерев, мог воскреснуть и войти в Царство Небесное.

«...Ибо если мертвые не воскресают, то и Христос не воскрес. А если Христос не воскрес, то вера ваша тщетна: вы еще во грехах ваших. Поэтому и умершие во Христе погибли. И если мы в этой только жизни надеемся на Христа, то мы несчастнее всех человеков» (15:16-19).

Истинные христиане активно проповедуют Евангелие, служат в церкви, усердно трудятся на своих рабочих местах, платят десятины и благодарственные пожертвования. Они стараются не водить дружбу с миром и жить праведной жизнью. Они не развлекаются по воскресеньям, а идут в церковь, чтобы поклониться Богу. Насколько же тщетным было бы все это, не будь Воскресения Господа!

А какой смысл в прощении наших грехов, если нет воскресения? Но так как Воскресение Господа – это неоспоримый факт, то вера наша не тщетна. А глупы те, кто не верят в Бога и думают, что вместе с земной жизнью все кончается.

Вот почему Бог говорит, что мудрость мира сего – это безумие (1-е посл. к Коринфянам, 3:19). Мирская мудрость, знания, теории и мысли мешают людям поверить в Воскресение Господа Иисуса. Вот почему Бог говорит нам избавляться от подобных теорий и мыслей.

Мы действительно были бы достойны жалости, если бы наша жизнь кончалась на этой земле. Так как мирские люди убеждены в том, что жизнь ограничивается лишь земным существованием, они думают, что верующих стоит пожалеть.

Но в этом случае они судят, опираясь только на собственные знания и мысли. Когда эта временная жизнь закончится, мир вечности и вечная жизнь предстанут пред нашим взором.

# Христос есть Первенец

«Но Христос воскрес из мертвых, первенец из умерших. Ибо, как смерть через человека, [так] через человека и воскресение мертвых» (15:20-21).

«Мертвые» – это все потомки первого человека Адама. Даже если их тело и живет, они все равно мертвы, потому что в конечном итоге их ждет погибель, и они отправятся в ад. Хотя они и кажутся живыми, в духовном смысле, они мертвы, они мертвы в очах Божьих.

Но люди, которые умерли с верой в Иисуса Христа воскресшего, оживут в конце времен. Вот почему сказано, что они «почили».

В приведенном выше отрывке говорится, что смерть пришла через человека. Грех вошел в человека из-за непослушания Адама. Он был проклят и изгнан из Эдемского сада. В Послании к Римлянам, 6:23, сказано, что возмездием за грех является смерть. Потомки Адама рождаются с первородным грехом, унаследованным от предков, и, к тому же, они сами немало согрешают в жизни. Эти грешники, обремененные первородным грехом и грехами, которые они совершили сами, будут брошены в ад.

Так как возмездием за грех является смерть, то, чтобы мы воскресли, кто-то должен заплатить за наши грехи. Это имеет прямое отношение к закону о выкупе земли в Израиле, который мы находим в Левитах (25:23-28). В этих стихах под «землей» подразумевается человек. В Бытии, 3:19-23, говорится, что люди созданы из праха земного. Согласно закону, описанному в Левитах, когда кто-либо продает свою землю, он сам или его родственник могут выкупить эту землю, заплатив соответствующую цену. И мы тоже, идя путем погибели, можем быть спасены, если кто-то заплатит за наши грехи.

Бог открыл путь к спасению через Иисуса Христа, Кто отвечал требованиям закона и был правомочен выкупить землю. Выкупить землю мог только родственник. Точно так же и за наши грехи мог заплатить только наш родственник, то есть это должен быть человек. Вот почему Иисус пришел на эту землю во плоти, в облике человека (От Иоанна, 1:14).

Кроме того, если вы хотите заплатить за чей-то долг, то у вас у самого не должно быть долгов. Однако все люди являются потомками Адама и рождаются с первородным грехом. У Иисуса же не было первородного греха, так как Он был зачат Святым Духом. Он исполнил весь Закон, и Сам не совершил ни одного греха. Он был наполнен бесконечной любовью и умер на кресте за нас. Поэтому верующим в Него прощаются грехи и они обретают спасение.

Согласно духовному закону, возмездием за грех является смерть. Поэтому тот, кто безгрешен, не может быть предан смерти. Но враг, дьявол и сатана, распял безгрешного и непорочного Иисуса. Сделав это, враг нарушил закон духовного мира. В результате, враг, дьявол и сатана, должен уступить Богу тех людей, которые принимают Иисуса Христа как своего Спасителя. Вот так была проделана работа по искуплению и спасению всех людей.

> «Как в Адаме все умирают, так во Христе все оживут, каждый в своем порядке: первенец Христос, потом Христовы, в пришествие Его...» (15:22-23).

Все люди умирают из-за непослушания Адама и обретают жизнь через Иисуса Христа. Первенец воскресения – это Христос. До Него не было никого, кто бы воскрес, подобно Иисусу, навсегда. Были люди, которых оживляли Илия и Елисей (3-я кн. Царств, 17:22; 4-я кн. Царств, 4:35), но они в конечном итоге все равно умирали. Так что они не воскресли для вечной жизни, как это сделал наш Господь. И еще, Енох и Илия были вознесены на Небеса живыми (Бытие, 5:24; 4-я кн. Царств, 2:11), но они не «воскресли».

В стихе 23-м говорится: «...потом Христовы, в пришествие Его». Здесь «Христовы» – это те, кто приняли Господа и почили и чей дух отошел в Царство Небесное. Господь приведет их с Собой, когда возвратится.

Дух тех, кто умер, веруя в Господа, придет на облаке вместе с Господом, когда Он возвратится. В тот момент их тела, которые находятся в могилах, преобразятся в духовные тела и в воздухе соединятся с духом.

«...А затем конец, когда Он предаст Царство Богу и Отцу, когда упразднит всякое начальство и всякую власть и силу. Ибо Ему надлежит царствовать, доколе низложит всех врагов под ноги Свои. Последний же враг истребится – смерть...» (15:24-26).

После того как верующие в Господа, похороненные в могилах, воскреснут и будут восхищены в воздух, за ними последуют и другие – те верующие, которые живы. Они будут восхищены, не увидев смерти.

В приведенном выше стихе говорится: «...когда Он предаст Царство Богу». Это относится ко времени, когда завершится возделывание человечества. Так что начальство, власть и сила уже не будут нужны. В Царстве Небесном во всем этом нет необходимости, поэтому сказано, что они упразднятся.

В 25-м стихе говорится: «Ибо Ему надлежит царствовать, доколе низложит всех врагов под ноги Свои». Когда Господь возвратится на землю, Он вместе с верующими будет царствовать доколе низложит всех врагов под ноги Свои.

После того как завершится Тысячелетнее Царство и Суд Великого Белого Престола, как сказано в 26-м стихе, истребится последний враг – смерть. Что же такое смерть?

От врага сатаны исходят всякая неправедность, беззакония и грех. Все эти проявления неправды в целом и означают «смерть». Этой «смерти» также придет конец после Суда Великого Белого Престола. Вот почему написано: «Последний же враг истребится – смерть».

«...ПОТОМУ ЧТО ВСЕ ПОКОРИЛ ПОД НОГИ ЕГО. Когда же сказано, что [Ему] все покорено, то ясно, что кроме Того, Который покорил Ему все. Когда же все покорит Ему, тогда и Сам Сын покорится Покорившему все Ему, да будет Бог все во всем» (15:27-28).

Библия говорит, что Бог сотворил небеса и землю и все в них через Иисуса Христа. И, кроме того, все покорено Богом Иисусу Христу; следовательно, Иисус Христос является Властелином всего. Так что Иисус Христос не может принадлежать к Его творениям. В отличие от нас, людей, Иисус Христос обладает нетленным духовным телом, оттого Он не может быть подвластным кому-либо или чему-либо.

Это Бог покорил все под ноги Иисуса Христа. После Суда Великого Белого Престола, когда враг дьявол будет предан смерти и все станет на свои места, тогда Иисус Христос покорится Богу. И так будет достигнута совершенная покорность.

В этом отрывке говорится о порядке. Во-первых, Бог Творец, после Него – Его Сын, Иисус Христос. За Ним – спасенные дети Божьи, и уже потом – небесное воинство и ангелы, которые служат нам.

Иисус Христос – Бог по естеству Своему, но Он спустился на землю, чтобы служить людям. Он был покорным до смерти, чтобы выполнить провидение и волю Отца. Иисус един с Богом, и Сам Он – Бог. Вот поэтому у Него единое с Богом сердце, те же сила, власть и авторитет. Но этот отрывок говорит о порядке, установленном между Сыном и Отцом.

Иисус придерживался существующего между Отцом и Сыном порядка. Без порядка невозможно исполнить никакую работу. Вся вселенная, природа и все в ней подчиняются установленным правилам и порядку. Духовный мир также управляется определенными правилами.

Крещение для мертвых

«Иначе что делают крестящиеся для мертвых? Если мертвые совсем не воскресают, то для чего и крестятся для мертвых?» (15:29)

Некоторые, неправильно понимая этот стих, учат: «Если вы принимаете крещение для мертвых, Бог спасет вас тоже». Но это вовсе не так. Можно сколько угодно молиться, креститься и делать приношения мертвым – это все бесполезно.

Мы должны получить спасение, приняв Господа, пока мы на земле. Если мы не получили спасения, живя на земле, то крещение для мертвых не зачтется.

В Евангелии от Луки, 16:19-31, рассказывается о богаче и нищем Лазаре. Нищий Лазарь имел веру и был отнесен ангелами на лоно Авраамово. Богач же, живя на земле, дружил с миром и из-за грехов своих оказался в Нижней могиле, которая является частью ада. Он сильно мучился и молил Авраама дать ему хоть каплю воды, но сделать это было невозможно. Богатый человек любил своих братьев и просил Авраама послать Лазаря засвидетельствовать им, чтобы они, получив спасение, не оказались в этом месте мучений.

Но Иисус сказал, что тот, кто не верит в свидетельство о Боге, данное через Моисея или пророков, не поверит, даже если кто-то воскреснет из мертвых и расскажет о Небесах и аде.

Что бы сказал этот богатый человек, если бы мог спастись от пыток в аду? Он бы попросил своих братьев молиться о нем и принять для него крещение. Но, зная, что ему уже не получить спасения, он попросил Авраама дать возможность его братьям услышать Евангелие. То есть, согласно сказанному здесь, для тех, кто мертв, уже нет спасения.

Итак, кто же эти «мертвые», о которых говорится в приведенном выше отрывке?

Речь идет о людях, начиная с Адама, бывших мертвыми из-за грехов, поскольку смерть является возмездием за грех. Таким образом, каждый из нас, до того как принял Господа, был «мертвым», как и все неверующие, которые не знают Господа. Люди состоят из духа, души и тела, и так как дух, хозяин человека, мертв, то, несмотря на то, что физическая жизнь человека продолжается, мы говорим, что он мертв.

Духовно мертвыми являются люди души и люди плоти, и они окажутся в аду.

Однако 22-й стих гласит: «Как в Адаме все умирают, так во Христе все оживут». Здесь говорится о том, что мертвые оживут, когда уверуют в Иисуса Христа и покаются. Мы прежде тоже были мертвыми, но ожили благодаря Иисусу Христу.

Далее, в 29-м стихе, говорится о крещении. Крещение можно разделить на крещение водой и крещение огнем. Вода, в духовном смысле, символизирует Слово Божье. Так что крещение водой подразумевает очищение сердца Словом Божьим. Другими словами, крещение водой – это символическое действие, которое показывает, что мы покаялись, получили прощение грехов и спасение. Однако крещение водой – это еще не все. Наш мертвый дух должен ожить, приняв дар Святого Духа. Кроме того, каждый день принимая крещение огнем, мы должны спалить свою греховную натуру.

Таким путем обрезается наше сердце, и мы можем измениться в истине, став похожими на Иисуса Христа. Вот тогда мы действительно будем источать благоухание Христа. Когда человек, у которого всегда был вспыльчивый характер, изменится, став человеком кротким, неверующие члены его семьи могут прийти к Богу и начать посещать церковь. Посещая церковь и познавая Слово, они изменятся и смогут принять дар Святого Духа, Который оживит их мертвый дух, и тогда у них будет возможность идти путем, ведущим к вечной жизни.

Таким образом, крещение для мертвых, в приведенном выше отрывке, подразумевает, что в первую очередь, с помощью Святого Духа и Его огня, вы обрезаете свое сердце, становясь сопричастниками Воскресения Христова. Во-вторых, это значит, что вы показываете пример, которому захотят последовать и другие. Когда верующие обрезают сердца и становятся светом и солью мира, они могут произвести благоприятное впечатление на неверующих, которые тоже захотят встать на путь, ведущий к спасению.

Ранее, в 23-м стихе 8-й главы, апостол Павел говорил, что он мог бы есть мясо, но откажется от него навсегда, если из-за этого соблазнится его брат. Это является примером того, как можно распространять благоухание Христа и получить крещение для другого человека. Мы стараемся делать все, чтобы показать добрый пример и спасти неверующего мужа или брата, достичь Царства Божьего и праведности Его.

Вот поэтому мы старательно избавляемся от зла и обрезаем свое сердце. Верующие должны жить для мертвых, то есть для неверующих. Когда мы служим другим и меняемся, получив обрезание сердца, или, другими словами, получив крещение, тогда члены нашей семьи и наши ближние почувствуют благоухание Христа и получат спасение.

Стих 29-й, в котором говорится: «Иначе что делают крестящиеся для мертвых? Если мертвые совсем не воскресают, то для чего и крестятся для мертвых?» – означает, что нам незачем было бы креститься, если бы не было воскресения. Значит, нам не пришлось бы меняться или обрезать свои сердца для других людей, и мы могли бы просто жить так, как нам захочется.

Итак, креститься для мертвых – значит креститься для себя, а также для других людей, чей дух мертв. Таким образом, когда верующие становятся освященными, живут в истине, источают благоухание Христа и проповедуют Евангелие, неверующие могут уверовать в Господа и получить спасение.

> «Для чего и мы ежечасно подвергаемся бедствиям? Я каждый день умираю: свидетельствуюсь в том похвалою вашею, братия, которую я имею во Христе Иисусе, Господе нашем. По [рассуждению] человеческому, когда я боролся со зверями в Ефесе, какая мне польза, если мертвые не воскресают? Станем есть и пить, ибо завтра умрем!» (15:30-32)

Мы можем подвергнуться гонениям, когда проповедуем неверующим Евангелие. Людям, исповедующим другую религию, может не понравится проповедь Евангелия. Особенно много угроз и преследований было во времена апостола Павла. В 31-м стихе Павел говорит: «Я каждый день умираю», а подразумевается под этим обрезание сердца. То есть он каждый день умерщвлял в себе гордость, самолюбие, упрямство, ненависть, осуждение, вспыльчивость, высокомерие и жадность. Мы сможем обрести характер Господа и стать человеком истины и человеком духа, когда избавимся от зла.

Апостол Павел сказал, что он гордится тем фактом, что каждый день вот так умирает. А в 1-м послании к Коринфянам, в главе 13-й, он сказал, чтобы мы не хвалились. Мы можем хвалиться, только чтобы воздать славу Господу. В 1-м же послании к Коринфянам, 10:31, говорится: *«Итак, едите ли, пьете ли или иное что делаете, все делайте в славу Божию».*

В 32-м стихе 15-й главы сказано: «По [рассуждению] человеческому, когда я боролся со зверями в Ефесе, какая мне польза..?» Под «человеческими рассуждениями» подразумевается то, что думают обычные люди. «Звери» – это не дикие животные или злые люди: бесполезно сердиться или бороться с порочными людьми.

Согласно сказанному апостолом Павлом о том, что он умирает каждый день, польза есть только в одном – удалить от себя всякий грех. Этот путь ведет нас к духовной жизни и воскресению.

Далее написано: «*...какая мне польза, если мертвые не воскресают? Станем есть и пить, ибо завтра умрем!*» Мирские люди думают, что жизнь ограничивается пребыванием на этой земле, поэтому они едят, пьют и грешат в свое удовольствие. И даже услышав о том, что есть небеса и ад и что неверующие идут в ад, они обычно говорят: «Когда умрем, тогда видно будет». Но после смерти слишком поздно будет сожалеть и раскаиваться.

«Не обманывайтесь: худые сообщества развращают добрые нравы. Отрезвитесь, как должно, и не грешите; ибо, к стыду вашему скажу, некоторые из вас не знают Бога» (15:33-34).

Есть люди, которые говорят, что веруют в Бога, а сами грешат, вместо того чтобы жить в соответствии с истиной, как и пристало детям Божьим. Эти люди склонны толковать Библию по своему усмотрению, говоря, что они будут просто «верить» в меру собственного понимания.

Они также говорят: «В Библии сказано: „Не упивайтесь вином", поэтому выпить бокал или два алкогольного напитка можно». Но вы все равно, в той или иной степени, пьяны, выпили ли вы один бокал или больше.

Бог говорит, что мы не должны искушаться тем, что говорит человек. Если мы будем позволять себе подобные вещи, то это может повлиять и на других людей. Худые сообщества развращают добрые нравы и побуждают к неправедным поступкам. Мы должны трезвиться, вести себя праведно и не совершать грехов, потому что, как сказано в 1-м послании Петра, 5:8, враг, дьявол и сатана, бродит, как рыкающий лев, пытаясь найти, кого поглотить.

Когда люди, не зная по-настоящему Бога и истины, совершают греховные поступки, они могут покаяться и отвратиться от греха. Если мы только уверовали и у нас нет сил справиться с грехами, мы можем постараться избавиться от грехов, прося об этом в молитвах.

Однако, если человек, который знает истину и обладает силой жить в соответствии с истиной, все равно грешит, то это — недопустимо. Грехи должны были погубить человечество, и Иисусу пришлось взойти на крест, чтобы решить проблему греха.

Так что учить тому, что будто бы те, в ком есть вера, могут просто грешить и каяться, неправильно. Библия учит нас не совершать греховные поступки и, получив прощение грехов, жить во свете. В противном случае, если мы совершаем грехи и не раскаиваемся в этом, мы идем по пути, ведущему к смерти. Мы не должны идти путем, который ведет к смерти, неверно истолковывая благодать Божью.

В Царстве Небесном слава у всех разная

«Но скажет кто-нибудь: ,,как воскреснут мертвые? и в каком теле придут?" Безрассудный! то, что ты сеешь, не оживет, если не умрет. И когда ты сеешь, то сеешь не тело будущее, а голое зерно, какое случится, пшеничное или другое какое; но Бог дает ему тело, как хочет, и каждому семени свое тело» (15:35-38).

Люди, не знающие Бога, даже посещая церковь, не верят в Него, дружат с миром и грешат. Они, порой, спрашивают: «Как воскреснут мертвые?» Апостол Павел вновь говорит об этом, потому что в тех, кто сомневается, нет веры.

И Павел говорит, что тот, кто сомневается и не верит, – глупец. В Псалме, 52:2, говорится: *«Сказал безумец в сердце своем: ,,нет Бога"...»*. Точно так же безрассуден человек, который не верит в Воскресение Господа и говорит: «Как воскреснут мертвые?» Чтобы людям было понятно, апостол Павел использует зерно в качестве аллегории.

Посеянные вами зерна прорастают, только если умирают. Зерно не сможет дать побеги, если сохранится таким же, как было, без изменений. Павел хотел спросить их: почему они не могут поверить в воскресение, зная, что зерна прорастают и приносят плоды только после того, как умирают?

Семена – это основной компонент. Умирая, они принимают специфическую форму. Божья воля, чтобы мы пожинали то, что сеем. Поэтому, если мы сеем бобы, то и пожинать будем бобы. Мы будем пожинать ячмень, если посеяли семена ячменя. И так с любым сортом семян.

«Не всякая плоть такая же плоть; но иная плоть у человеков, иная плоть у скотов, иная у рыб, иная у птиц» (15:39).

В этом стихе под словом «плоть» имеется в виду конкретный облик или форма чего-либо. По плоти, которая отличается формами, мы можем, к примеру, узнавать животных. Плоть человека отличается от плоти животного и рыбы.

Апостол Павел говорит об этом, чтобы описать духовные тела, которые будут у нас в Царстве Небесном. Например, у нас будут разные прически и одежды. Волосы у мужчин будут покрывать затылок. А волосы тех, у кого больше венцов и наград, будут спускаться почти до плеч.

На Небесах мы облачимся в белые одежды, и их белизна и яркость будут зависеть от степени освящения, достигнутого нами. Небесные обители разделены на разные категории и отделены друг от друга, потому что уровень и сила святости у людей не одинаковы.

Иная слава у солнца, иная – у луны

«Есть тела небесные и тела земные; но иная слава небесных, иная земных. Иная слава солнца, иная слава луны, иная звезд; и звезда от звезды разнится в славе» (15:40-41).

Для того чтобы рассказать о воскресении, апостол Павел давал притчи, связанные с вещами физического мира, а теперь он переходит к описанию разных тел.

Очевидно, что неверующие принадлежат этому миру. А среди верующих есть «пшеница» и «плевел». «Пшеницей» зовутся те, кто живут в праведности, согласно Божьему Слову. У этих людей есть надежда на Царство Небесное, гражданами которого они являются. Они являются гражданами Небес и телом (то, что зовется «обликом» или «формой»), принадлежащим Небесам.

Но кому неведомо духовное измерение, те, следуя желаниям своей плоти, совершают грехи и пребывают во тьме; они принадлежат этой земле. Из этого мы видим, что есть тела земные и есть тела Небесные. Тела Небесные обязательно облекутся в славу Небес, а земные примут смерть, то есть их ждет ад. Но каждого из тех, кто принадлежит Небесам, ждет разная Небесная слава.

В зависимости от веры, у всех будут разные места обитания. Мы можем разделить веру людей на пять уровней. Те, кто только приняли Господа и едва получили спасение, пойдут в Рай.

Когда люди только начинают возрастать в вере и пытаться исполнять Слово Божье, им не всегда удается это сделать. Это второй уровень веры. Эти люди войдут в Первое Царство Небесное. Если они еще больше возрастут в вере и им хватит веры, чтобы жить по Слову Божьему, то они окажутся во Втором Царстве Небесном. Это третий уровень веры. Если они очистятся от всякого греха и зла, то унаследуют Третье Царство Небесное; а обителью тех, к кому Бог благоволит особо и кто достиг пятого уровня веры, будет Новый Иерусалим.

«Славой солнца» будут облечены те, кто избавились от всех форм зла и, став освященными, войдут в Третье Царство Небесное или в Новый Иерусалим. «Слава луны» будет дана тем, кто станет обитать во Втором Царстве Небесном, а «слава звезд» уготована для обитателей Первого Царства Небесного. Жители Рая ничего не сделали для Господа, поэтому они не получат никаких наград. Так что о них не скажешь, что их ждет слава.

У славы солнца, луны и звезд есть большие различия. Кроме того, каждая звезда обладает разной славой. Звезд существует несметное количество, и они отличаются друг от друга размером и яркостью; это же относится и к славе, которая будет дана верующим. И еще: в Царстве Небесном у каждого будут разные награды и венцы.

Павел объясняет нам, что точно так же, как отличаются тела людей, рыб, птиц и животных, будут отличаться и духовные тела людей, и их положение на Небесах; все это будет зависеть от того, насколько освященным и духовным стал человек.

Если мы не поверим в воскресение, то у нас не будет никакой надежды на Царство Небесное; мы не станем пытаться побороть грехи и обрести славу солнца на Небесах. По этой причине Павел использует аллегорию с семенами, чтобы люди могли поверить в воскресение, и затем он разъясняет, что духовные тела, точно так же как и физические, могут быть разными.

Воскресение мертвых

«Так и при воскресении мертвых: сеется в тлении, восстает в нетлении» (15:42).

Это уже объяснялось: поскольку дух вечен, то об умерших с верой в Иисуса Христа мы говорим, что они «почили». Но почему Павел говорит здесь о воскресении мертвых?

Когда человек, и в том числе верующий, умирает, дух оставляет его тело. Когда речь идет о физическом теле, тогда мы говорим, что оно мертвое. Похороненное в могиле тело превратится в горсть праха, но когда Господь возвратится вновь на облаке, тела спасенных, воскреснув в духовном теле, будут восхищены в воздух. Это и есть воскресение мертвых.

Что в приведенном выше стихе означают слова «сеется в тлении, восстает в нетлении»?

Наши помыслы могут быть направлены и на доброе,

и на злое. Плотские, не духовные, помыслы не являются благими, они тленны. В Послании к Римлянам, 8:6-7, говорится: *«Помышления плотские суть смерть, а помышления духовные – жизнь и мир, потому что плотские помышления суть вражда против Бога; ибо закону Божию не покоряются, да и не могут».*

Помышления плотские – это смерть и погибель. Люди, которые, следуя своим плотским помышлениям, судят и осуждают других, открываются для козней врага, дьявола и сатаны. Вот почему плотские помышления враждебны Богу, и Павел говорит нам, что мы должны пленять всякое помышление в послушание Христу (2-е посл. к Коринфянам, 10:5).

По мере того как мы отбрасываем плотские помыслы, мы приобретаем помыслы духовные, сообразующиеся с истиной, и меняемся, становясь духовными людьми. Если мы предадим смерти плотские помышления и избавимся от них, то в конечном итоге будем свободны от ненависти, осуждения, обвинения и зла, которые в разных формах проявлялись в нас. И в той же степени, в которой мы будем избавляться от неправды, мы и станем пожинать духовные и нетленные плоды. Поэтому апостол Павел говорит: *«Я каждый день умираю».*

> **«Сеется в уничижении, восстает в славе; сеется в немощи, восстает в силе; сеется тело душевное, восстает тело духовное. Есть тело душевное, есть**

тело и духовное» (15:43-44).

Бог дает нам славу и вновь наполняет нас истиной, когда мы удаляемся от неправедности и бесчестия. Наша душа преуспевает, а значит, и мы здравствуем и преуспеваем во всем в той мере, в какой мы избавляемся от неправды.

В этом стихе есть слова «сеется в немощи». Здесь под «немощью» имеется в виду духовная немощь сердца. Сердца смиренного, готового служить другим и не настаивать на собственном мнении. Иисус сказал: *«Истинно говорю вам, если не обратитесь и не будете как дети, не войдете в Царство Небесное»* (От Матфея, 18:3), то есть у человека, живущего согласно истине, сердце немощное, как у ребенка.

То, что сеется в немощь плоти, восстанет к жизни духовной силой. Уничиженное сердце, когда бьют по одной щеке, может подставить обидчику и другую. Если вы способны сказать: «Брат, ты ударил меня по правой щеке, но я готов подставить и другую, если это поможет тебе обрести душевное спокойствие», то не будет никаких ссор и разногласий.

Когда мы сеем в немощи и пожинаем духовную силу, тогда враг, дьявол и сатана, уйдет прочь. Так как Бог любит нас и благоволит к нам, Он направит нас на путь преуспевания, чтобы мы воздавали славу Богу и источали благоухание Христа.

В этом мире все относительно. Есть добро и зло, есть плотские тела, а есть тела духовные. И это говорит нам о том, что жизнь на этой земле – это еще не все, это еще не конец.

Избавиться от неправды, свойственной этому миру, нам поможет знание того, что мы будем наслаждаться невообразимой славой в вечном Царстве Небесном. Бог наполнит нас духовными ценностями Царства Небесного, если мы последуем воле Божьей и не будем жить, потакая собственным желаниям. Вот так сеется тело душевное, восстает тело духовное.

> «Так и написано: „первый человек Адам стал душою живущею"; а последний Адам есть дух животворящий. Но не духовное прежде, а душевное, потом духовное. Первый человек – из земли, перстный; второй человек – Господь с неба» (15:45-47).

Бог сотворил первого человека, Адама, и вдохнул в него дыхание жизни, чтобы он стал живым духом. Но дух Адама умер, когда он согрешил. Однако последний Адам, Иисус Христос, решил проблему греха, став Духом, Который оживляет мертвый дух.

В стихе 46-м говорится: «Но не духовное прежде...», и слова эти относятся к первому Адаму. Первый человек, Адам, не был духовным человеком, потому что имел плоть.

Поэтому он был обольщен сатаной и, совершив греховный поступок, пошел по пути, ведущему к погибели. Он вновь стал плотью, которая обречена на смерть.

Иисус является духовным человеком, потому что Он сошел с Небес, Он был зачат Святым Духом. Первый человек, Адам, был рожден от земли и принадлежал земле. Второй же человек, Иисус, был рожден от Небес. В Евангелии от Иоанна, 1:14, говорится: *«И Слово стало плотию и обитало с нами…»,* и это означает, что Он сошел с Небес на землю в облике человека, чтобы спасти нас.

«Каков перстный, таковы и перстные; и каков небесный, таковы и небесные. И как мы носили образ перстного, будем носить и образ небесного» (15:48-49).

«Перстный», или, иначе говоря, сделанный из земли, – это человек, творящий неправду, и делать то же самое, что они, значит быть перстным, земным человеком.

До того как мы приняли Иисуса Христа, мы тоже были земными и жили в неправде. Но после того как мы примем Иисуса Христа и получим в дар Святого Духа, наши мысли и желания будут меняться. Мы должны стать детьми Божьими, стать людьми Небесными. Те, кто с верой может жить по Слову истины, которое есть Сам Иисус Христос, обретут Небесный облик.

Мы сеем тленное, а пожинаем нетленное; и мы сеем

в уничижении, а восстаем в славе; мы сеем в немощи, восстаем в силе; мы сеем тело душевное, а восстает тело духовное, чтобы стать Небесным. Став духовными людьми, Небесными, мы изменимся в зависимости от того, насколько сможем избавиться от неправды с помощью Святого Духа.

Мы изменимся при последней трубе

«Но то скажу [вам], братия, что плоть и кровь не могут наследовать Царствия Божия, и тление не наследует нетления» (15:50).

Когда люди сердятся, лица большинства из них становятся красными. Это происходит из-за ускоренной циркуляции крови. В этом стихе у крови и плоти аналогичный смысл. Плоть относится ко всему тому, что несовместимо с истиной. Кровь и плоть не могут наследовать Царства Божьего. И тогда вы можете подумать: «У меня есть кровь и плоть, так что, выходит, верить теперь в Иисуса Христа бесполезно?» Но это вовсе не так.

Пусть даже мы и несовершенны, но если мы будем с верой стараться изменить себя, то определенно станем наследниками Царства Божьего. Но поскольку слава солнца иная, чем слава луны и звезд, то мы унаследуем разные места обитания на Небесах, и они будут определяться тем, насколько преданно и искренне мы старались отбросить все грехи и стать освященными.

В стихе 42-м написано: «Сеется в тлении, восстает в нетлении»; а стих 50-й гласит: «Тление не наследует нетления». Почему так написано?

Мы явно не сможем стать наследниками Царства Божьего, если не отречемся от таких тленных вещей, как зло, грехи, неправедность и неправда. Стих 42-й говорит, что мы должны посеять и предать смерти тленное, чтобы пожать духовное; а смысл стиха 50-го в том, что мы не можем наследовать Царства Божьего, не избавившись от тленной неправды.

«Говорю вам тайну: не все мы умрем, но все изменимся. Вдруг, во мгновение ока, при последней трубе; ибо вострубит, и мертвые воскреснут нетленными, а мы изменимся» (15:51-52).

Здесь под словом «тайна» подразумевается «откровение». Когда Лазарь, брат Марии, умер, Иисус сказал, что Лазарь уснул. Иисус говорил это, зная, что потом Лазарь воскреснет, так как он умер, веруя в Иисуса. Ученики поняли это буквально: они думали, что Лазарь на самом деле спал. Хотя Иисус доходчиво объяснил, что Лазарь был мертвым.

Те, кто умирают, веруя в Господа, то есть уснувшие, изменятся в одно мгновение. Труба Божья много раз через патриархов призывала нас сойти с пути, ведущего к погибели, и возвратиться к жизни. И вот последняя труба восструбит о возвращении Господа.

При гласе этой трубы Господь вернется на облаке. Он придет на облаке в великой славе. Тогда умершие и обратившиеся в горсть праха в мгновение ока обретут нетленные тела и воскреснут. Люди, принявшие Господа при жизни, облекутся в духовные тела и будут восхищены на встречу с Господом в воздухе (1-е посл. к Фессалоникийцам, 4:16-17).

«Ибо тленному сему надлежит облечься в нетление, и смертному сему облечься в бессмертие. Когда же тленное сие облечется в нетление и смертное сие облечется в бессмертие, тогда сбудется слово написанное: „поглощена смерть победою"» (15:53-54).

Здесь использовано слово «надлежит», потому что это произойдет обязательно. Тленное тело облечется в нетленное, а нетленное тело – это духовная жизнь. Когда человек умирает, его тело быстро разлагается и смердит. Но по благодати Иисуса Христа мы облечемся в духовное тело, которое бессмертно. Это духовное тело никогда не увянет, не погибнет и не состарится.

Вот почему Бог с самого начала создал Адама не как ребенка, а как взрослого человека. Если бы Адам рос, проходя стадии взросления – детство, подростковый период, зрелость, то это означало бы, что он стареет. Однако дух не стареет. Бог в процессе творения создал Адама совершенным существом.

А что же тогда означают слова: «Тогда сбудется слово написанное: „поглощена смерть победою"»?

Иисус воскрес, разрушив власть смерти, и то же самое смогут сделать верующие. Мы получили возможность идти путем, ведущим к вечной жизни, не будучи связанными оковами рабства смерти. Этот путь есть исполнение написанного: «...поглощена смерть победою».

«Поглощена будет смерть навеки, и отрет ГОСПОДЬ Бог слезы со всех лиц, и снимет поношение с народа Своего по всей земле; ибо так говорит ГОСПОДЬ» (Кн. пророка Исайи, 25:8).

На Небесах нет смерти, горя, болезней или боли, а есть только счастье и любовь. Все эти слова исполнятся, когда придет Господь. Когда Он придет, смерть не будет властна над нами.

В Послании к Евреям, 2:14-15, говорится: *«А как дети причастны плоти и крови, то и Он также воспринял оные, дабы смертью лишить силы имеющего державу смерти, то есть диавола, и избавить тех, которые от страха смерти через всю жизнь были подвержены рабству».*

Как написано, те, кто послушны воле Божьей, будут освобождены от власти смерти и обретут вечную жизнь. Для этого Иисус сошел на землю в облике человека.

«"Смерть! где твое жало? ад! где твоя победа?" Жало же смерти – грех; а сила греха – закон. **Благодарение Богу, даровавшему нам победу Господом нашим Иисусом Христом!»** (15:55-57)

Смерть контролируется и управляется врагом дьяволом. Смерть жалит нас из-за грехов. Грехи являются причиной того, что к нам приходят испытания, болезни и смерть. Ангелы Божьи оберегают верующих в Бога, но, когда те грешат, они не могут быть под защитой.

В Бытии, 3:14, Бог проклял змея, сказав, что он будет есть прах во все дни жизни своей. Здесь под «прахом» имеются в виду люди, которые созданы из праха земного. Таким образом, есть прах означает, что враг, дьявол и сатана, будут предъявлять людям свои обвинения в той мере, в какой те будут грешить, и они станут насылать на людей испытания и болезни.

Написано, что «сила греха – закон». Это означает, что законно устанавливается контроль над грехом. Законы страны контролируют преступность, и, подобно им, Слово Божье, Закон, управляет грехом. Если бы не было Закона, мы бы не знали, грешим мы или нет. Мы сможем понять, насколько мы злы и грешны, размышляя о себе по Слову истины.

У нас есть совесть, но совесть у всех разная, и никто не должен настаивать на собственной правоте. Мы должны судить о добре и зле не согласно собственным представлениям, а в соответствии со Словом Божьим. Закон имеет силу, и наши помыслы должны соответствовать Слову Божьему, Закону Божьему.

В 57-м стихе говорится, что Бог дает нам победу Господом Иисусом Христом. Мы можем быть очищены только Кровью Господа. Допустим, что человек был посажен в тюрьму на 10 лет за совершенное им убийство. Даже после того как он отсидит свой срок, все равно будет считаться, что у него есть судимость.

Однако в Послании к Евреям, 8:12, говорится, что если мы обратимся к Богу и изменим свои сердца, то Бог более не станет называть нас грешниками и не воспомянит наших беззаконий. Если мы полагаемся на такого Бога, как же мы можем оставаться в грехах, которые являются жалом смерти? Очевидно, что мы должны полностью отбросить их от себя. Радость, благодарность и мир наполнят нас настолько, насколько мы избавились от грехов. Победив же грехи, которые являются жалом смерти, именем Иисуса Христа, мы можем воздать благодарность Богу.

«Итак, братия мои возлюбленные, будьте

тверды, непоколебимы, всегда преуспевайте в деле Господнем, зная, что труд ваш не тщетен пред Господом» (15:58).

Когда возвратится Господь, мы победим смерть и обретем жизнь вечную, поэтому Павел говорит нам быть твердыми, непоколебимыми и всегда преуспевать в деле Господнем. Наша работа не будет бессмысленной, потому что Господь воздаст нам в соответствии с тем, что мы сделали.

В Откровении, 2:10, говорится: «...*Будь верен до смерти, и дам тебе венец жизни*». Во 2-м послании к Коринфянам, 5:10, также сказано: *«Ибо всем нам должно явиться пред судилище Христово, чтобы каждому получить [соответственно тому], что он делал, живя в теле, – доброе или худое».*

В Евангелии от Матфея, 5:11-12, написано: *«Блаженны вы, когда будут поносить вас, и гнать, и всячески неправедно злословить за Меня. Радуйтесь и веселитесь, ибо велика ваша награда на небесах: так гнали [и] пророков, бывших прежде вас».*

Мы всегда можем радоваться и побеждать, ведь у нас есть надежда на то, что нам воздастся согласно нашим делам. Однако в этом плане нам нужно помнить об одном. Разумеется, делать Божью работу – это важно, но в очах Божьих более угодна наша святость. Чем больше мы избавляемся от грехов и зла и становимся освященными, тем лучше будет наша Небесная обитель. Согласно нашей работе и служению для Господа мы получим также и Небесные награды. Поэтому мы должны не только физически трудиться для Бога изо всех сил, но и проявлять духовную преданность, которая предполагает упорный труд для Господа и в то же самое время очищение от зла.

Глава 16

Позиция зрелых христиан

— Как делать пожертвования

— Повинуясь водительству Святого Духа

— Будьте почтительны ко всякому содействующему и трудящемуся

Как делать пожертвования

«При сборе же для святых поступайте так, как я установил в церквах Галатийских. В первый день недели каждый из вас пусть отлагает у себя и сберегает, сколько позволит ему состояние, чтобы не делать сборов, когда я приду» (16:1-2).

Под «сбором» здесь имеются в виду пожертвования Богу. Апостол Павел установил порядок сбора в Галатийских церквях. И сказал, что аналогичному порядку должна следовать и Коринфская церковь. К сказанному можно было бы относиться лишь как к совету, если бы он высказывал свои собственные идеи, но это было повелением, поскольку было Словом Божьим.

Под первым днём каждой недели имеется в виду воскресенье. В Ветхом Завете Днём Господним была Суббота, в Израиле и по сей день хранят Субботу. А следующий за ней день, воскресенье, это первый день недели.

В Деяниях, 20:7, мы читаем: *«В первый же день недели, когда ученики собрались для преломления хлеба...»*. Здесь «первый день недели» относится к воскресенью. Под «хлебом» подразумевается Слово Божье. А сказанное о том, что они «собрались для преломления хлеба», означает, что они собирались вместе, чтобы принять участие в богослужении.

Откровение, 1:10, гласит: *«Я был в духе в день воскресный...»*, и в этом случае День Господень – это Воскресенье. Воскресенье, первый день после Субботы, стало Днем Господним, потому что Господь разрушил власть смерти и воскрес в воскресенье.

Благодаря этому, верующие в Иисуса Христа не подвластны смерти и имеют жизнь вечную. Поэтому это самый счастливый день, день надежды, в котором дух может обрести истинный покой. Вот почему в Новозаветные времена мы проводим богослужения, храня День Господень в воскресенье. Мы также даем пожертвования Богу, которые используются для Царства Божьего.

Апостол Павел основал множество церквей и проповедовал Евангелие, куда бы он ни шел. Он также делал сборы в богатых церквях, чтобы оказать помощь нуждающимся церквям. В то время большинство церквей испытывало трудности, но он помогал тем приходам, которые особо нуждались в помощи.

Положение церквей в Иерусалиме было особенно сложным. Их называли еретическими за то, что они верили в Иисуса Христа. Верующих заключали под стражу и убивали. У них не было возможности открыто проводить богослужения и давать пожертвования.

Кроме того, это было голодное время, что создавало им дополнительные трудности. Апостол Павел помогал церкви в Иерусалиме, либо принося сам, либо передавая через кого-то еще собранные для них пожертвования. Он просил Коринфскую церковь отложить и сохранить сбор. Если к тому времени, когда Павел придет к ним, они не будут готовы или подготовка пройдет наспех, то сбор будет сделан с чувством, будто их к этому вынудили. А если так, то сбор этот не мог быть полноценным.

> «Когда же приду, то, которых вы изберете, тех отправлю с письмами, для доставления вашего подаяния в Иерусалим. А если прилично будет и мне отправиться, то они со мной пойдут» (16:3-4).

Апостол Павел говорит, что пошлет даяния, собранные в Коринфской церкви, в Иерусалим вместе со своим письмом. Но эту миссию он мог поручить не каждому. Тот, кто доставит приношения, должен пользоваться признанием и доверием и самого апостола Павла, и церкви.

Такого же принципа следует придерживаться и сегодня в отношении церковных финансов. Когда церковь проводит любую работу по оказанию помощи нуждающимся, ее следует поручить очень надежному человеку. Павел также сказал, что пошлет собранные средства через того, кто заслуживает доверия, поэтому членам Коринфской церкви не стоило волноваться.

Здесь слово «подаяние» включает в себя то, что члены Коринфской церкви откладывали даже в трудные для себя времена, не тратя деньги на свои нужды, чтобы сделать пожертвование и помочь церкви в Иерусалиме, и, кроме того, они заботливо и усердно молились о них.

И еще Павел сказал: «А если прилично будет и мне отправиться, то они со мной пойдут». Павел все вверял в руки Божьи. Он выразил свое мнение, но если бы оно разошлось с волей Божьей, то он бы не пошел. Вот почему он говорит: «А если прилично будет и мне отправиться...».

Повинуясь водительству Святого Духа

«Я приду к вам, когда пройду Македонию; ибо я иду через Македонию. У вас же, может быть, поживу, или и перезимую, чтобы вы меня проводили, куда пойду» (16:5-6).

Македония расположена к северу от Коринфа. Павел пишет из Ефеса, где он остановился, направляясь через Македонию в Коринф.

Он мог и не говорить, что пройдет Македонию, однако Павел намеренно упоминает об этом, чтобы сообщить им, каким будет его маршрут. Он также не исключает возможность провести зиму в Коринфе.

Он сказал «может быть», потому что это еще было не точно. Если Святой Дух не позволил бы ему остаться, то он бы не смог этого сделать. Апостол Павел хотел проповедовать Евангелие в Азии, но, как написано в Деяниях, 16:6-10, когда Святой Дух остановил его, он не поехал в Азию, а вместо этого отправился в Европу. Точно так же и мы должны следовать водительству Святого Духа, а не делать того, что нам хочется.

> «Ибо я не хочу видеться с вами теперь мимоходом, а надеюсь пробыть у вас несколько времени, если Господь позволит. В Ефесе же я пробуду до Пятидесятницы, ибо для меня отверста великая и широкая дверь, и противников много» (16:7-9).

Из-за занятости и недостатка времени апостол Павел ранее бывал у них только мимоходом. Но на этот раз, если Господь дозволит ему, он хотел бы остаться у них на некоторое время и разделить с ними благодать. И на этот раз он говорит: «Если Господь позволит», чтобы они знали, что все его служение зависело от воли Божьей.

Апостол Павел долгое время служил в Коринфской церкви и очень любил эту церковь. Поэтому он хотел провести с ними некоторое время, а не просто повидать их проездом.

В 8-м стихе говорится: «В Ефесе же я пробуду до Пятидесятницы». Единственной целью Павла была проповедь Евангелия. Он хотел лишь одного – открыть двери для евангелизации и послужить многим душам в Ефесе и в других регионах. И он сказал: «Ибо для меня отверста великая и широкая дверь», что означает, что перед ним широко открылись двери для евангелизации.

Когда у проповедуемого Евангелия много противников, тогда легче проповедовать Евангелие. Если люди просто игнорируют нас, то их, в действительности, труднее привести к Богу. Но если они пытаются спорить или сопротивляться, то у них гораздо больше возможностей принять Господа.

Мы не должны страшиться козней сатаны, неся людям Благую Весть. Чем больше мы молимся и распространяем Евангелие, тем больше дьявол будет чинить нам препятствия, но в той же мере и Бог будет защищать нас. Павел говорит, что раз двери для евангелизации широко открыты и есть много противников, то он хочет остаться в Ефесе на более длительное время и проповедовать Евангелие.

«Если же придет к вам Тимофей, смотрите, чтобы он был у вас безопасен; ибо он делает дело Господне, как и я. Посему никто не пренебрегай его, но проводите его с миром, чтобы он пришел ко мне, ибо я жду его с братиями» (16:10-11).

Павел настолько заботился о Тимофее, что даже называл его своим сыном. Но, похоже, он был молод и не очень опытен, у него был мягкий характер и хрупкое телосложение.

В Коринфской церкви было много проблем, в числе которых – зависть, раздоры, прелюбодеяние и судебные тяжбы между братьями по вере. Тимофей, должно быть, занервничал или испугался, когда возникла необходимость идти в эту церковь. Поэтому Павел и попросил: «...смотрите, чтобы он был у вас безопасен; ибо он делает дело Господне, как и я».

Одни члены Коринфской церкви не любили Павла, а другим он нравился. Он основал церковь и наставлял их Словом истины, но некоторые прихожане не принимали его, провоцировали распри и разделение в церкви. Вот почему Павел чувствовал необходимость дать им совет, что он и сделал. И, тем не менее, они знали, что Павел был мощным служителем, и его письмо сыграло важную роль.

Те, кто любят Бога и живут в истине, никогда не станут презирать или смотреть свысока на служителя Божьего. Что, если молодой пастор, который только что получил назначение на работу, придет навестить вас и дать вам совет, о чем вы подумаете?

Вы лишите себя Божьей благодати, если подумаете: «Я полагал, что придет опытный пастор, а кто этот такой, и зачем они его только прислали?» Ни благоволения Божьего, ни деяний Его вы не испытаете на себе. Проявлением веры было бы принять его так, как бы вы приняли Господа. То же самое относится и к любому лидеру в церкви: мы должны принимать их так, как мы принимаем Господа.

Как относиться к лидерам

«А что до брата Аполлоса, я очень просил его, чтобы он с братиями пошел к вам; но он никак не хотел идти ныне, а придет, когда ему будет удобно» (16:12).

Этот стих показывает, как апостол Павел относился к работникам Божьим. Он не приказывал Аполлосу идти, но он неоднократно советовал ему, говоря, что было бы хорошо, если бы он пошел. Но Аполлос не слушал Павла. Он бы пошел, прикажи ему Павел построже, но Павел не делал этого.

Это пример того, как нужно относиться к церковным лидерам и служителям Божьим. Мы можем приказать им сделать то, что соответствует воле Божьей, а если речь идет о наших собственных идеях, то мы можем ограничиться лишь советом.

У Аполлоса были причины «никак не хотеть» идти в Коринф. Он прежде уже служил в Коринфе вместе с апостолом Павлом. В 1-м послании к Коринфянам, 3:6, говорится: *«Я насадил, Аполлос поливал, но возрастил Бог»*.

Но как же он должен был страдать из-за разделений, когда люди говорили, что они Аполлосовы, Павловы, Христовы или Петровы! Это одна из причин, почему он не хотел идти туда, но были еще и другие, личные, причины.

Однако Павел сказал, что придет время, он согласится и наконец пойдет.

Павла не обижало и не сердило то, что Аполлос не принимал его совета. Павел всегда хотел мира, он прощал и понимал других людей, встав на их позицию.

Мы не должны вести себя подобно Аполлосу, отвергать советы тех, у кого более тесное общение с Богом. Это путь, который делает нас ближе к Царству Божьему.

«Бодрствуйте, стойте в вере, будьте мужественны, тверды. Все у вас да будет с любовью» (16:13-14).

Мы конечно же должны бодрствовать, для того чтобы получить спасение. Некоторые люди вначале пути были очень горячими в вере, но вскоре охладели и вновь полюбили мир. А все потому, что уступили в противостоянии с дьяволом. Попытки возродить духовные ценности оказываются болезненными и трудными.

Когда люди наполнены Духом, они радуются и благодарят, но, когда они теряют полноту Духа, тогда у них пропадает способность радоваться и благодарить. Вот почему мы всегда должны бодрствовать и молиться.

Твердо стоять в вере означает стоять на камне веры. Дом, построенный на камне, устоит, если даже разольются реки; дом же, построенный на песке, при этих же обстоятельствах, сразу обрушится.

Очень важно иметь веру, непоколебимую даже во время искушений и испытаний. Бог признает только такую веру.

Если мы поставим себе целью вырвать с корнем дерево, то прежде всего мы попробуем потрясти его. Если у него глубокие корни и оно не поколеблется, то, тряхнув его пару раз, мы, скорее всего, откажемся от этой затеи. Но если дерево начнет хоть немного качаться, мы будем продолжать трясти его, надеясь вытащить его с корнем из земли. Враг дьявол не станет трясти нас, если мы будем твердо стоять на камне веры.

Вот поэтому Павел сказал: «...будьте мужественны, тверды». То есть мы должны быть крепкими и храбрыми в истине, имея сильную волю.

В 14-м стихе говорится: «Все у вас да будет с любовью». Все, что делается без любви, никак не связано с Богом. Даже если работа дала хороший результат, но делалась она по принуждению, то от этого могут пострадать многие люди. Сатана проявляет активность именно в такой среде.

Любая работа для Царства Божьего и праведности Его, будь то большая или малая, должна вестись с духовной любовью. Мы не должны служить или проводить волонтерскую работу ради того, чтобы похвалиться собой, выставить себя напоказ перед другими. Нам не следует искать своего, жертвуя для Царства Божьего и братьев по вере. Мы должны делать все, чтобы щедро и с любовью воздавать славу Богу.

Будьте почтительны ко всякому содействующему и трудящемуся

«Прошу вас, братия (вы знаете семейство Стефаново, что оно есть начаток Ахаии и что они посвятили себя на служение святым), будьте и вы почтительны к таковым и ко всякому содействующему и трудящемуся» (16:15-16).

Стефан принял Господа в Ахаии. Он получил признание как человек, посвятивший себя служению братьям по вере, и об этом свидетельствовали его поступки. Бог говорит нам быть почтительными к людям, которые работают ради Божьего Царства и Его праведности.

В церквях можно встретить разных людей: богатых и бедных, высокообразованных и не получивших образования, людей, наделенных властью в обществе и вовсе не имеющих ее.

Почтение к тем, кто старательно трудится ради Царства Божьего и праведности Его, несмотря на их социальное положение и финансовые возможности, является проявлением веры. Так поступают истинные дети Божьи.

Если мы не подчиняемся такому служителю только потому, что он недостаточно обеспеченный или образованный, то этим проявляем свою надменность. Нам следует знать, что высокомерные люди не могут получить спасение, ведь в Евангелии от Матфея, 18:3, Иисус сказал: *«Истинно говорю вам, если не обратитесь и не будете как дети, не войдете в Царство Небесное»*.

Почитатйте тех, кто успокаивает ваш дух

«Я рад прибытию Стефана, Фортуната и Ахаика: они восполнили для меня отсутствие ваше, ибо они мой и ваш дух успокоили. Почитайте таковых. Приветствуют вас церкви Асийские; приветствуют вас усердно в Господе Акила и Прискилла с домашнею их церковью. Приветствуют вас все братия. Приветствуйте друг друга святым целованием» (16:17-20).

Павел похвалил Стефана, Фортуната и Ахаика за то, что они сделали для Царства Божьего и праведности Его. Апостол Павел мог смело сказать: «Подражайте мне», потому что у него было истинное сердце, подобное сердцу Христа.

Таким образом, угодить, утешить и порадовать сердце

Павла – это то же самое, что порадовать Святого Духа и угодить сердцу Бога. Поэтому Павел и говорил людям почитать таких служителей.

Библия говорит нам делиться благими вещами. В Евангелии от Марка, 12:43-44, Иисус похвалил вдову, которая положила в сокровищницу все, что у нее было, а в Евангелии от Матфея, 26:13, Он сказал: *«Истинно говорю вам: где ни будет проповедано Евангелие сие в целом мире, сказано будет в память ее и о том, что она сделала»*. Воля Божья в том, чтобы мы славили Его и возвещали добрые дела, воздавая Ему хвалу.

В приведенном выше отрывке из 1-го послания к Коринфянам говорится о домашней церкви, потому что во времена Ранней церкви у верующих не было помещения для храма. Церковь часто начинала проводить свои служения в чьем-то доме. А в конце этого отрывка звучит призыв приветствовать друг друга.

«Мое, Павлово, приветствие собственноручно» (16:21).

Многие послания апостола Павла были написаны другими людьми под его диктовку. То, что данное послание написано Павлом собственноручно, свидетельствует о его большой любви к членам Коринфской церкви. И верующие Коринфской церкви, читая это письмо, должны были почувствовать его любовь.

> «Кто не любит Господа Иисуса Христа, – анафема, маранафа» (16:22).

Подобное высказывание не могло быть сделано кем угодно. Такое мог сказать только тот, кто очистился от всех форм зла и стал полностью освященным, причем, слово бы его исполнилось. Слово, сказанное выше, – это истина.

Доказательством любви к Господу является исполнение Его заповедей (1-е посл. Иоанна, 5:3). Сколько бы мы ни произносили своими устами, что любим Господа, мы будем лгать и не сможем получить спасение, если не станем жить по Его заповедям. Поэтому апостол Павел сказал: «Кто не любит Господа Иисуса Христа, – анафема...».

Когда дети стали издеваться над Елисеем, говоря: *«Иди, плешивый! иди, плешивый!»* – он проклял их, и две медведицы вышли из леса и растерзали 42 ребенка (4-я кн. Царств, 2:23-24). Таким образом, слово служителя Божьего, который пользуется благоволением Божьим, обладает силой и властью. Мы можем прочитать в Библии о том, что служителям, которых возлюбил Бог, дано право благословлять и проклинать (Бытие, 12:3).

Если служитель благословляет человека, который подготовил свой сосуд для того, чтобы получить благословения, то они будут даны ему. Если он проклянет человека, заслужившего это, то на этого человека лягут проклятия. Поэтому не следует беспечно произносить слова проклятий. Конечно, истинные служители Божьи никогда и никого не будут проклинать опрометчиво, разве что только следуя водительству Святого Духа и истине.

«Благодать Господа нашего Иисуса Христа с вами, и любовь моя со всеми вами во Христе Иисусе. Аминь» (16:23-24).

В плотской любви, в которой нет Христа, нет смысла. Допустим, что член церкви совершил грех, а пастор, вместо того чтобы обличить, хвалит этого верующего. Ему, может быть, будет приятно, но это не назовешь проявлением истинной любви. Это всего лишь бесполезная плотская любовь.

И еще: мы не должны безрассудно хвалить людей. Очень часто человек, удостоившийся похвалы, из-за козней сатаны начинает превозноситься. Поэтому хвалебные слова должны произноситься под водительством Святого Духа.

Когда Иисус похвалил Петра, который просто сказал: *«Ты – Христос, Сын Бога Живого»* (От Матфея, 16:16), сатана не замедлил взяться за дело. Когда Иисус сказал, что Ему по воле Божьей предстояло пройти через страдания и в конечном итоге умереть, Петр попытался остановить его. Тогда Иисус сказал: *«Отойди от Меня, сатана!»* (От Матфея, 16:23).

Таким образом, во всех случаях мы должны уметь различать духовную любовь от плотской. Выражение «во

Христе Иисусе» в приведенном выше отрывке является синонимом духовной любви. В конце письма апостол Павел благословил Коринфскую церковь благодатью Господа Иисуса Христа и духовной любовью.

Этим посланием апостол Павел наставлял церковь в Коринфе, говоря им о воле Божьей, отвечая на их конкретные вопросы, связанные с различными проблемами, которые возникли в их церкви. Некоторые из этих проблем имеют отношение не только к Коринфской церкви. Они возникают и в современных церквях. Если мы практически применяем это послание, повседневно используем ответы, данные в нем, то, значит, в нашей христианской жизни есть хорошие ориентиры.

Вначале Павел подчеркнул, что они не должны судить по собственному разумению, потому что только Бог Один может быть Судьей. Он посоветовал им удерживать себя от прелюбодеяний, прекратить судебные тяжбы с братьями по вере и решать все проблемы, придерживаясь церковного порядка. Он также подчеркнул, что им необходимо избегать идолопоклонства и не искать собственной выгоды.

Он рассказал о дарах Святого Духа, просил их особо ревновать о даре любви, который является величайшим из всех духовных даров, и призывал культивировать его. Он также учил их быть праведными и бдительными, имея надежду и веру в воскресение. Он позволил им познать волю Божью относительно евангелизации, вступления в брак и Святого Духа.

Я надеюсь, что каждый из вас сохранит в своем сердце смысл данного послания Павла и будет усердно применять его на практике с пониманием воли Божьей. Я уверен, что, действуя в этом направлении, мы угодим Богу, и Он даст нам обилие благословений на земле и великие почести на Небесах.

Автор –
д-р Джей Рок Ли

Д-р Джей Рок Ли родился в 1943 году в городе Муан, в провинции Джэоннам Корейской Республики. Начиная с двадцати четырех лет, д-р Ли страдал от различных неизлечимых заболеваний и в течение семи лет ждал смерти, без какой-либо надежды на исцеление. Но однажды, весной 1974 года, сестра привела его в церковь, где он упал на колени и молился, и Живой Бог мгновенно исцелил его от всех болезней.

С того момента, как д-р Ли встретил Живого Бога, благодаря этому чудесному исцелению, он искренне возлюбил Бога всем сердцем и был призван в 1978 году на служение Богу. Он усердно молился, чтобы ясно уразуметь волю Божью, полностью исполнить ее и повиноваться всякому слову Божьему. В 1982 году он основал Центральную церковь «Манмин» в городе Сеуле (Южная Корея), и с того момента бесчисленные дела Божьи, включая чудесные исцеления и знамения Божьи, были явлены в этой церкви.

В 1986 году д-р Ли был рукоположен в пасторы на ежегодной Ассамблее Корейской церкви Христа в Сингкуоле, а спустя ещё четыре года, в 1990 году, его проповеди начали транслироваться по каналам Дальневосточной вещательной компании, Азиатской вещательной компании и Вашингтонской христианской радиостанции в Австралии, России, на Филиппинах и во многих других странах.

Через три года, в 1993 году, журнал *Christian World* (США) внес Центральную церковь «Манмин» в список пятидесяти лучших церквей мира; колледж Христианской веры в штате Флорида (США) присвоил д-ру Ли степень почетного доктора богословия; а в 1996 году Теологическая семинария Кингсвэй (штат Айова, США) присвоила ему степень доктора теологии.

С 1993 года д-р Ли, проведя евангелизационные служения в Танзании, Аргентине, Лос-Анжелесе, Балтиморе, на Гавайях, в Нью-Йорке (США), Уганде, Японии, Пакистане, Кении, на Филиппинах, в Гондурасе, Индии, России, Германии и Перу, Демократической Республике Конго, Израиле и Эстонии, стал одним из лидеров мировой миссионерской деятельности.

В 2002 году, за его усилия по проведению ряда впечатляющих объединенных христианских фестивалей, ведущие христианские газеты Кореи назвали его лидером религиозного возрождения мирового масштаба. В частности, на Нью-Йоркском христианском фестивале 2006 года, который проводился на всемирно известной арене Мэдисон Сквер Гарден и транслировался на 220 стран, а также на Межкультурном Израильском фестивале 2009 года, проведенном в Международном центре конвенций в Иерусалиме, он смело объявил, что Иисус Христос – Мессия и Спаситель. Его проповеди транслировались на 176 стран по спутниковым каналам, включая GCN TV. В 2009-м и 2010-м годах популярный русскоязычный христианский портал *In Victory* и новостное агентство *Christian Telegraph*, за его мощное телевещательное служение и пасторское служение за рубежом, назвали д-ра Ли в числе 10-ти самых влиятельных христианских лидеров.

По данным на апрель 2016 года, Центральная церковь «Манмин» объединяет более 120.000 членов. У церкви более 10.000 дочерних и ассоциативных церквей во всем мире, включая 56 филиала в самой Корее. Кроме того, более 102-ти миссионеров направлены в 23 страны, включая США, Россию, Германию, Канаду, Японию, Китай, Францию, Индию, Кению и многие другие страны.

На момент публикации этой книги д-р Ли написал 104-х книг, в том числе такие бестселлеры, как *«Откровение о вечной жизни в преддверии смерти»*, *«Моя жизнь, моя вера» (I и II)*, *«Слово о Кресте»*, *«Мера веры»*, *«Небеса» (I и II)*, *«Ад»* и *«Сила Божья»*. Его книги уже переведены на 76 языков мира.

Его статьи на тему христианской веры регулярно публикуются в следующих периодических изданиях: *The Hankook Ilbo, The JoongAng Daily, The Dong-A Ilbo, The Seoul Shinmun, The Hankyoreh Shinmun, The Kyunghyang Shinmun, The Korea Economic Daily, The Korea Herald, The Shisa News* и *The Christian Press*.

В настоящее время д-р Ли возглавляет многие миссионерские организации и ассоциации. Он, в частности, является главой правления Объединенной церкви святости Иисуса Христа, президентом Международной миссионерской организации Манмин, основателем и председателем правлений «Глобальной христианской сети» (GCN), «Всемирной сети врачей-христиан» (WCDN) и Международной семинарии Манмин (MIS).

Другие, наиболее яркие книги, написанные этим автором

Небеса I & II

Подробный рассказ о великолепных условиях, в которых живут граждане Неба, и красочное описание разных уровней Небесных царств.

Слово о Кресте

Действенное пробуждающее послание ко всем, кто пребывает в духовном сне. Прочтя эту книгу, вы узнаете, почему Иисус является единственным Спасителем, и познаете истинную любовь Бога.

Ад

Серьезное послание к человечеству от Бога, Который не желает, чтобы даже одна душа оказалась в пучине ада! Вы откроете для себя доселе не известные подробности жестокой реальности Нижней могилы и ада.

Дух, Душа и Тело I & II

Через духовное понимание духа, души и тела, которые являются компонентами человека, читатели смогут исследовать свое «я» и получить представление о самой жизни.

Мера Веры

Какая обитель и какие венцы и награды приготовлены для вас на Небесах? Эта книга содержит в себе мудрость и наставления, необходимые для того, чтобы измерить свою веру и взрастить ее до меры полной зрелости.

Пробудись, Израиль!

Почему Бог заботится об Израиле от начала времен и до сего дня? Какое провидение последних дней Бог приготовил для Израиля, ожидающего Мессию?

Моя Жизнь, Моя Вера I & II

Жизнь, которая расцвела благодаря несравненной любви Бога посреди мрачных волн, тяжести бремени и глубокого отчаяния, и источает самый благоуханный духовный аромат.

Сила Божья

Книга, которую необходимо прочитать, дает важные наставления о том, как обрести истинную веру и испытать чудесную силу Божью.

www.urimbooks.com

www.ingramcontent.com/pod-product-compliance
Lightning Source LLC
LaVergne TN
LVHW011945060526
838201LV00061B/4212